Physik / Chemie

9. Jahrgangsstufe

Kopiervorlagen mit Lösungen

Herausgegeben von Walter Czech und Hermann Perz

Erarbeitet von Manfred Aunkofer, Werner Donderer, Helmut Kraus, Helmut Schießler und Anton Sonntag

Verlag Ludwig Auer Donauwörth

Inhaltsverzeichnis

Gedruckt auf umweltbewußt gefertigtem, chlorfrei gebleichtem und alterungsbeständigem Papier.

2. Auflage. 1992

Zeichnungen: Harald Hülsmann, Bissingen, und Gabriele Schmid, Donauwörth
Satz: Fotosatz Sporer KG, Augsburg
Gesamtherstellung: Ludwig Auer GmbH, Donauwörth
ISBN 3-403-01872-5

Name	Klasse 9	Datum	Physik / Chemie	

I. Die Bedeutung von Erdöl, Erdgas und Kohle

Entstehung von Erdöl und Erdgas

Vor rund ______________________ Jahren war die Erde mit Wasser bedeckt. Abgestorbene ______________________ Lebewesen sowie abgestorbene mikroskopisch kleine ______________ lagerten sich auf dem Meeresboden ab.

Welche Bedingungen waren für die Entstehung von Erdöl und Erdgas im Laufe von Jahrmillionen erforderlich?

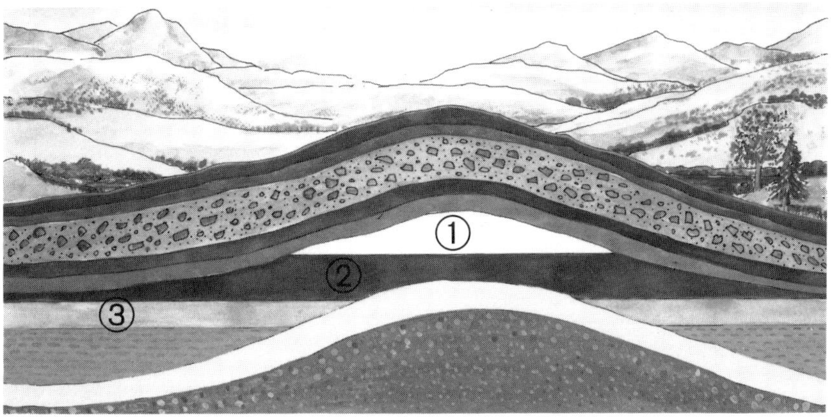

① __________

② __________

③ __________

Durch große Erdbewegungen faltete sich die Erdkruste. Ölführende Gesteinsschichten konnten nach oben wandern. ______________ sammelten sich an der ______________ einer Aufwölbung. Undurchlässige Gesteinsschichten ______________ einen weiteren Anstieg.

Streiche die Begriffe durch, die bei der Entstehung von Erdöl und Erdgas keine Bedeutung hatten!

Sauerstoff	Bakterien	Druck	Kälte	Algen
Sand	Organisches Material	Erdbewegungen	Kleinlebewesen	

Name	Klasse 9	Datum	Physik / Chemie	

I. Die Bedeutung von Erdöl, Erdgas und Kohle

Entstehung von Erdöl und Erdgas

Vor rund *10 bis 15 Millionen* Jahren war die Erde mit Wasser bedeckt. Abgestorbene *tierische und pflanzliche* Lebewesen sowie abgestorbene mikroskopisch kleine *Organismen* lagerten sich auf dem Meeresboden ab.

Welche Bedingungen waren für die Entstehung von Erdöl und Erdgas im Laufe von Jahrmillionen erforderlich?

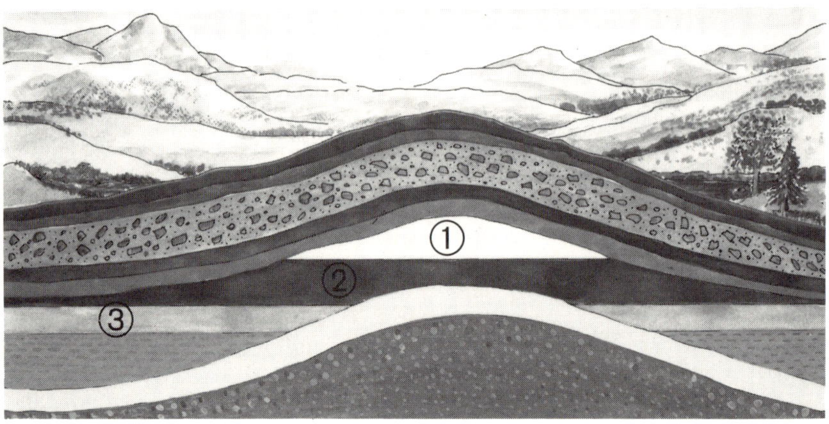

① *Gas*
② *Öl*
③ *Wasser*

Durch große Erdbewegungen faltete sich die Erdkruste. Ölführende Gesteinsschichten konnten nach oben wandern. *Erdöl und Erdgas* sammelten sich an der *höchsten Stelle* einer Aufwölbung. Undurchlässige Gesteinsschichten *verhinderten* einen weiteren Anstieg.

Streiche die Begriffe durch, die bei der Entstehung von Erdöl und Erdgas keine Bedeutung hatten!

~~Sauerstoff~~	Bakterien	Druck	~~Kälte~~	Algen
~~Sand~~	Organisches Material	Erdbewegungen	Kleinlebewesen	

Name	Klasse 9	Datum	Physik / Chemie	
______		______		______

Aufbau von Erdöl und Erdgas

Beim Verbrennen von Erdöl entsteht ________ .

Erdöl enthält ______________________ .

Beim Verbrennen von Erdöl entsteht ________ .

Erdöl enthält ______________________ .

Wir destillieren Erdöl

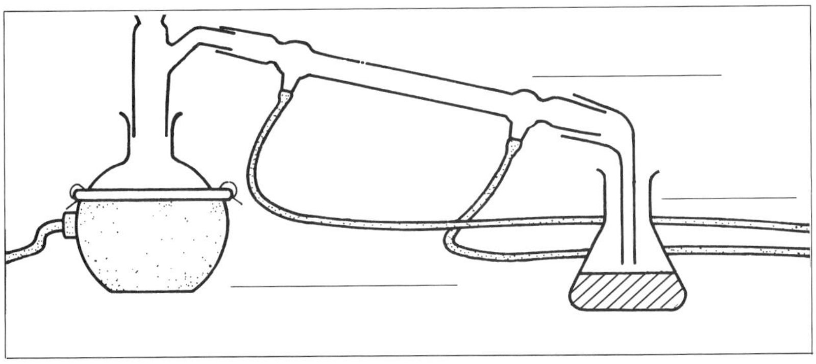

Erdöl ist ein Gemisch aus verschiedenen Reinstoffen mit verschiedenen Siedepunkten. Beim Erhitzen von Erdöl __________ nach und nach __________ __________________ . Diese werden in verschiedenen Bechergläsern aufgefangen.

Einzelne Fraktionen

Siedebereich:

40° – 150° C

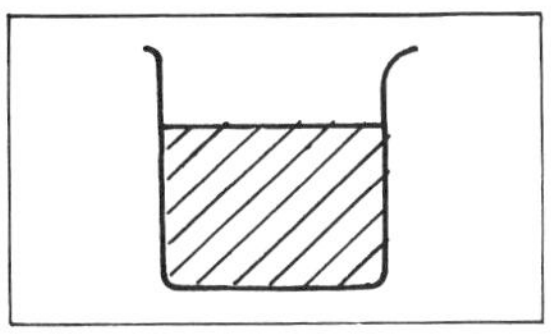

____

150° – 250° C

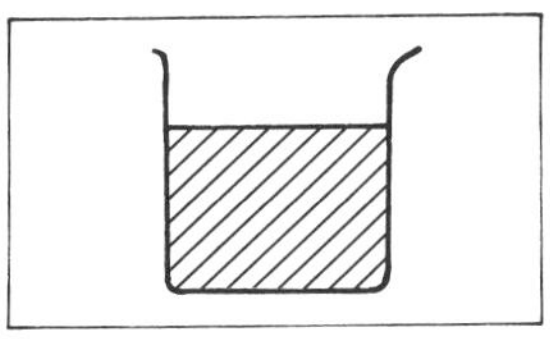

____

250° – 350° C

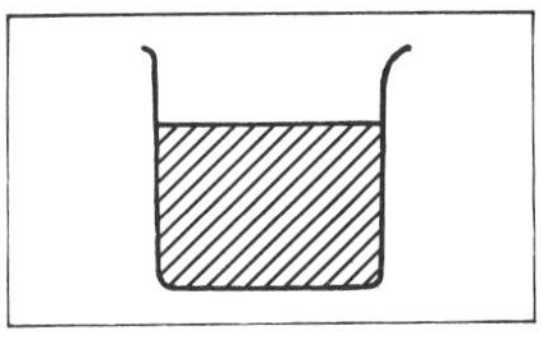

____

über 350° C

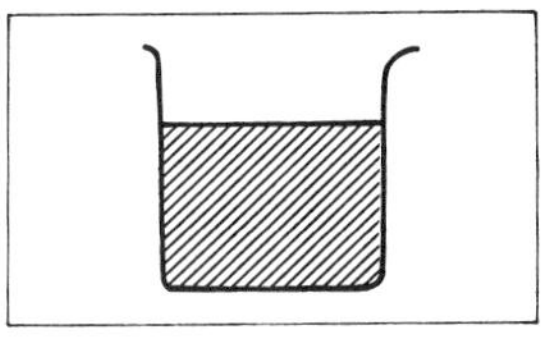

____

Je ____________________ die Siedetemperatur, desto ____________________ die Farbe.

Je ____________________ die Siedetemperatur, desto ____________________ das Produkt.

Welche besonderen Vorsichtsmaßnahmen sind bei der Destillation von Erdöl zu beachten?

____

____

Name	Klasse	Datum	Physik / Chemie	
______	9	______		______

Aufbau von Erdöl und Erdgas

Beim Verbrennen von Erdöl entsteht *Ruß*.
Erdöl enthält *Kohlenstoff*.

Beim Verbrennen von Erdöl entsteht *Wasser*.
Erdöl enthält *Wasserstoff*.

Wir destillieren Erdöl

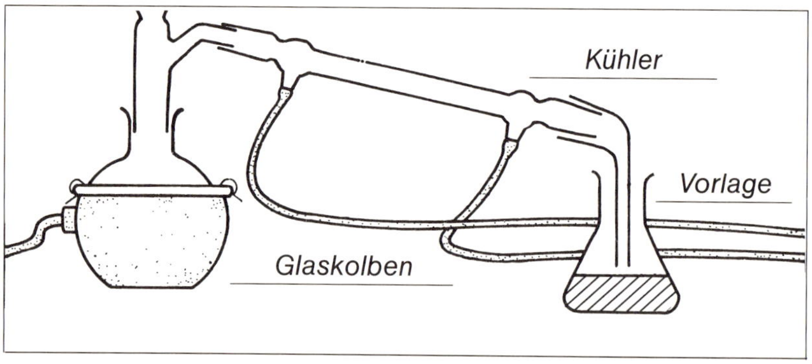

Erdöl ist ein Gemisch aus verschiedenen Reinstoffen mit verschiedenen Siedepunkten. Beim Erhitzen von Erdöl *sieden* nach und nach *verschiedene* *Bestandteile*. Diese werden in verschiedenen Bechergläsern aufgefangen.

Einzelne Fraktionen

Siedebereich:

40° – 150° C	150° – 250° C	250° – 350° C	über 350° C

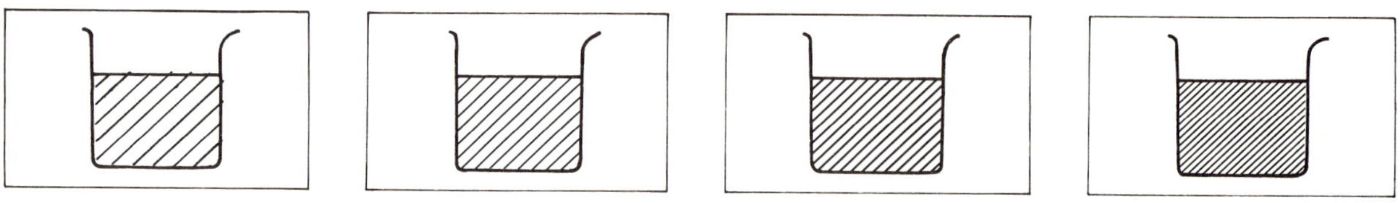

Benzin	*Petroleum*	*Gasöl*	*Schmieröl/Rückstand*

Je *höher* die Siedetemperatur, desto *dunkler* die Farbe.
Je *höher* die Siedetemperatur, desto *dickflüssiger* das Produkt.

Welche besonderen Vorsichtsmaßnahmen sind bei der Destillation von Erdöl zu beachten?
Keine offene Flamme! Explosionsgefahr!
Alle Produkte leicht brennbar!

Name	Klasse 9	Datum	Physik / Chemie	
________		________		________

Trennung des Gemisches Erdöl in der Technik

Moderne Raffinerien verarbeiten täglich große Mengen Erdöl.

Vereinfachte Darstellung einer Destillationsanlage

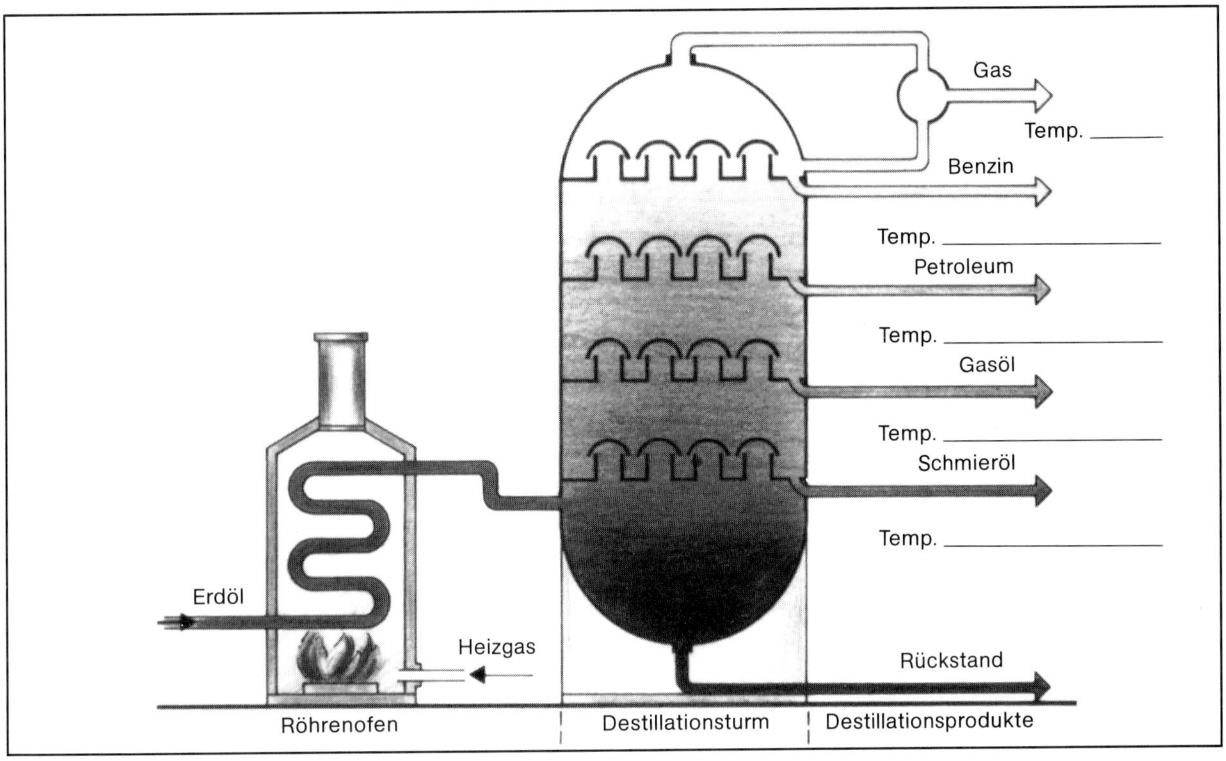

Das ________________ wird im ________________ erhitzt und in den ________________ geleitet. Die ________________ im Röhrenofen nimmt von unten nach oben ab.

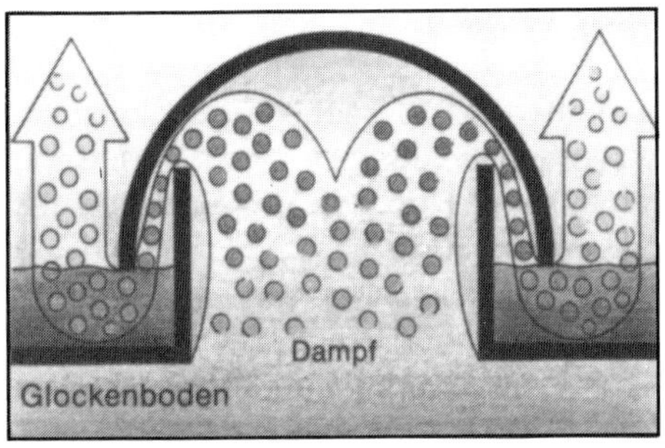

In Glockenböden ________________ die ________________ bei bestimmten Temperaturen.

Erdöl ist ein ________________ verschiedener Reinstoffe mit unterschiedlichen ________________ ________________.

Erdölbestandteile werden durch ________________ voneinander getrennt.

Beschreibe kurz die Funktionsweise eines Glockenbodens!

____

____

____

Name	Klasse 9	Datum	Physik / Chemie	

Trennung des Gemisches Erdöl in der Technik

Moderne Raffinerien verarbeiten täglich große Mengen Erdöl.

Vereinfachte Darstellung einer Destillationsanlage

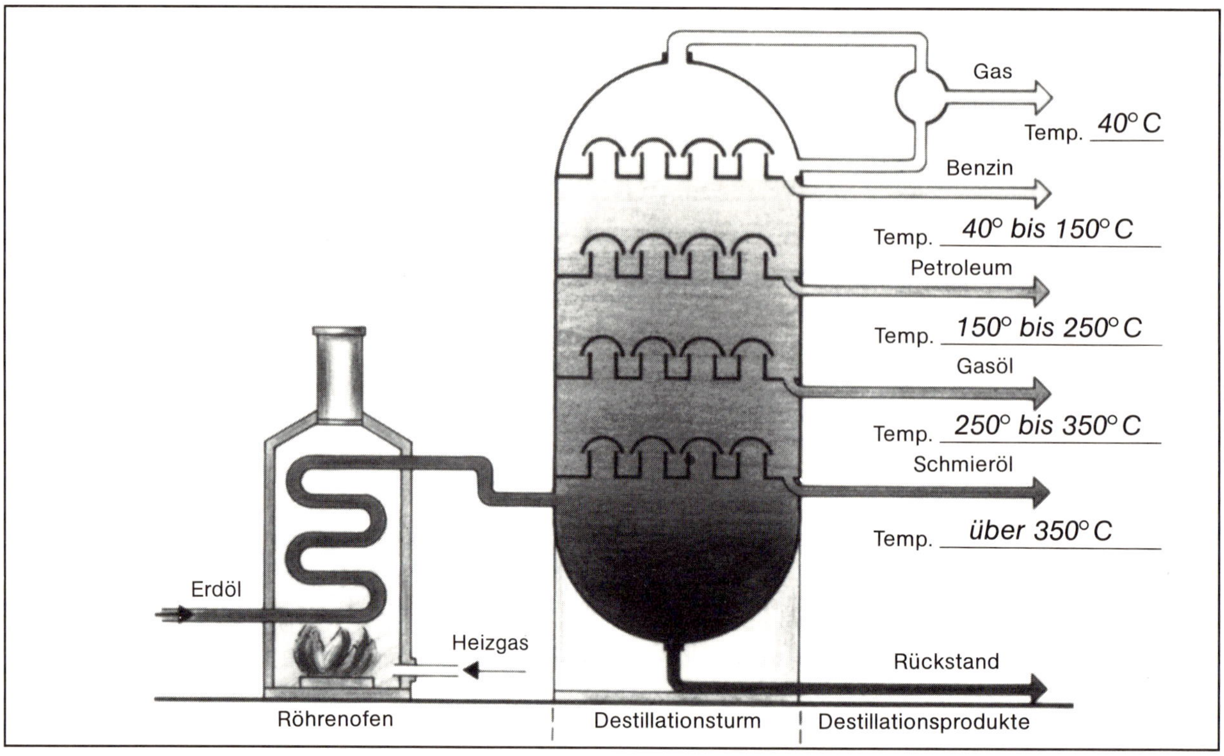

Das *Erdöl* wird im *Röhrenofen* erhitzt und in den *Destillationsturm* geleitet. Die *Temperatur* im Röhrenofen nimmt von unten nach oben ab.

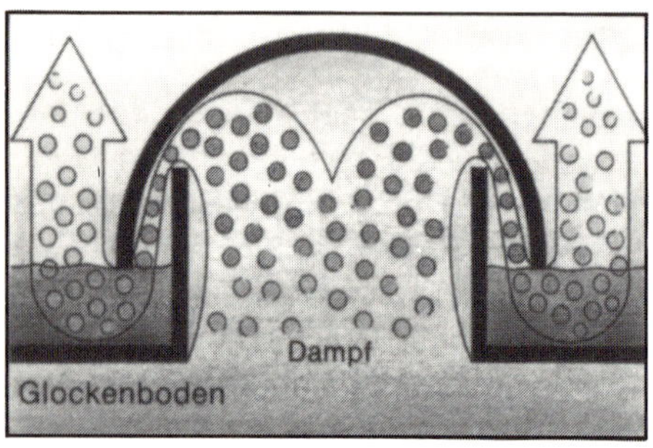

In Glockenböden *kondensieren* die *Fraktionen* bei bestimmten Temperaturen.

Erdöl ist ein *Gemisch* verschiedener Reinstoffe mit unterschiedlichen *Siede-temperaturen*.

Erdölbestandteile werden durch *fraktionierte Destillation* voneinander getrennt.

Beschreibe kurz die Funktionsweise eines Glockenbodens!

Im Glockenboden herrscht eine bestimmte Temperatur.
Alle Stoffe, die bei dieser Temperatur noch in Dampfform sind,
wandern weiter nach oben zum kühleren Glockenboden.

Name	Klasse 9	Datum	Physik / Chemie	

Entstehung und Zusammensetzung von Kohle

Vor Millionen ________________ entstanden meterhohe Schichten aus ________________ Material. Unter ________________ wurde das pflanzliche Material in ________________ ________________. Der Vorgang wird ________________ genannt.

Torf

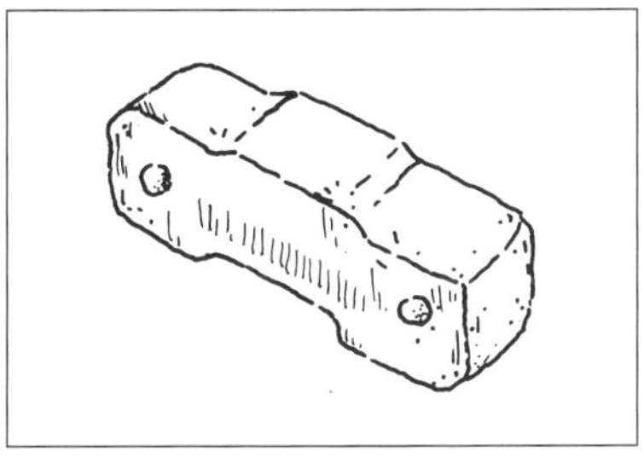

Braunkohle (-Brikett)

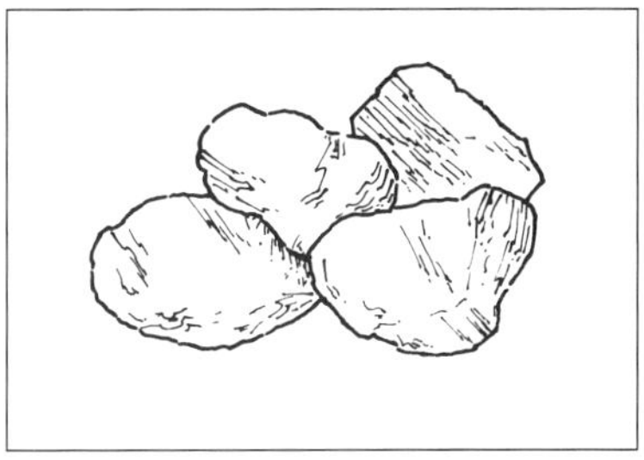

Steinkohle

Zuerst entsteht aus pflanzlichem Material ________________. Unter starkem Druck entsteht aus Torf in Millionen Jahren ________________. Noch höherer ________________ und höhere ________________ sind für die Entstehung von ________________ notwendig.

Trockendestillation von Kohle

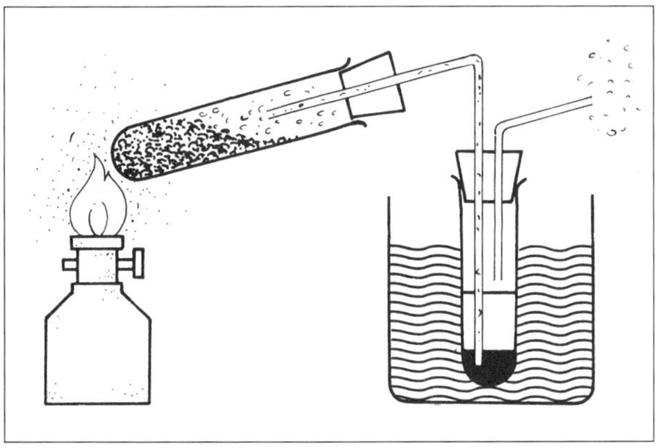

Beim Erhitzen von ________________ entstehen Dämpfe. Diese lassen sich wieder abkühlen und auffangen. Man erhält ________________ und ________________.

Das entweichende Gas ist ________________.

Aus dem Steinkohleteer werden durch fraktionierte Destillation eine Menge Verbindungen gewonnen. Nenne einige!

____

____

Name	Klasse	Datum	Physik / Chemie	
	9			

Entstehung und Zusammensetzung von Kohle

Vor Millionen *Jahren* entstanden meterhohe Schichten aus *pflanzlichem* Material. Unter *Luftabschluß* wurde das pflanzliche Material in *Kohle* *umgewandelt*. Der Vorgang wird *Inkohlung* genannt.

Torf

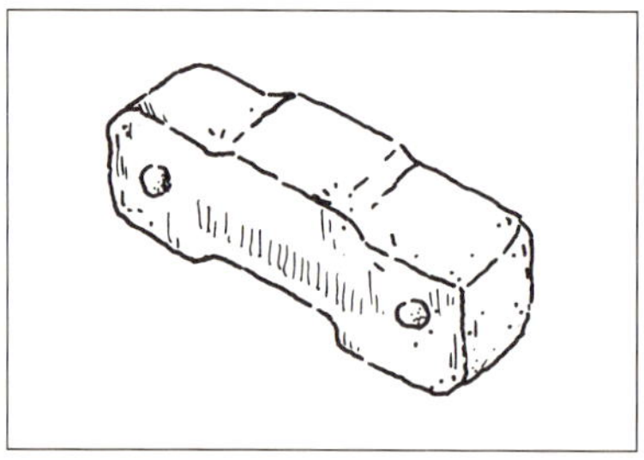

Braunkohle (-Brikett)

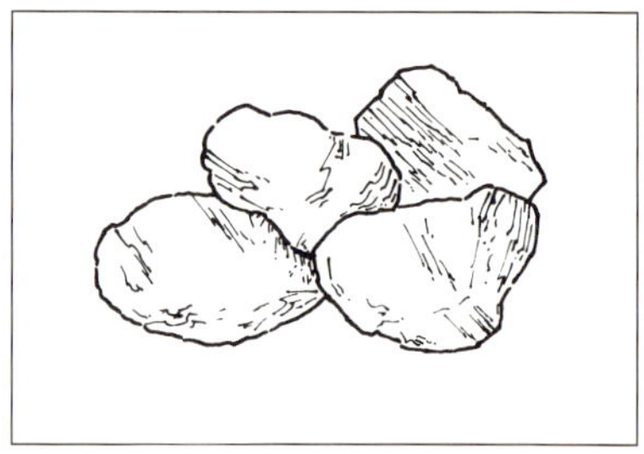

Steinkohle

Zuerst entsteht aus pflanzlichem Material *Torf*. Unter starkem Druck entsteht aus Torf in Millionen Jahren *Braunkohle*. Noch höherer *Druck* und höhere *Temperaturen* sind für die Entstehung von *Steinkohle* notwendig.

Trockendestillation von Kohle

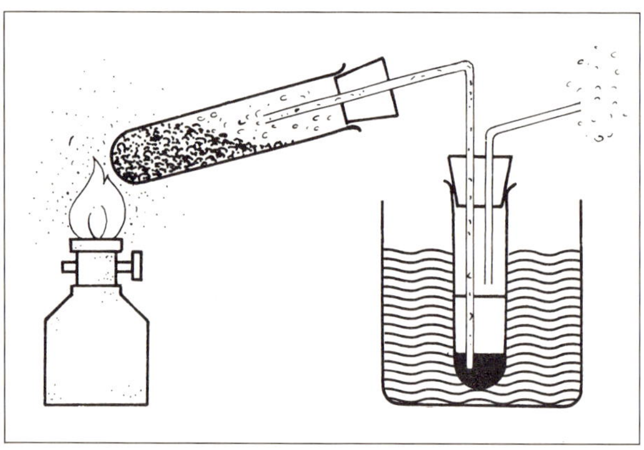

Beim Erhitzen von *Kohle* entstehen Dämpfe. Diese lassen sich wieder abkühlen und auffangen. Man erhält *Steinkohleteer* und *Gaswasser*.

Das entweichende Gas ist *brennbar*.

Aus dem Steinkohleteer werden durch fraktionierte Destillation eine Menge Verbindungen gewonnen. Nenne einige!

Benzol, Toluol, Phenol, Naphthalin, Anthracen, Carbolineum.

Name	Klasse 9	Datum	Physik / Chemie	

Kohlenwasserstoffe

Organische Chemie ——→ Chemie der ______________________________.

Kettenförmige Kohlenwasserstoffe

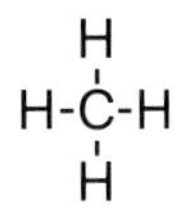

Methan

Ein Kohlenstoffatom ist mit ________________________

verbunden. Die Verbindung heißt ______________.

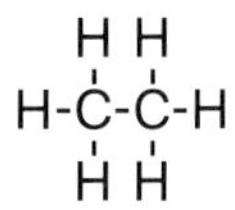

Ethan

Eine Verbindung aus 2 Kohlenstoffatomen und 6 Wasserstoffatomen pro Molekül heißt ______________.

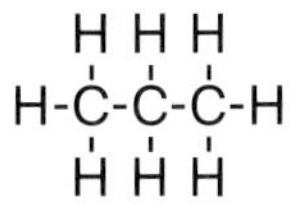

Propan

Aus ______________________ und ______________

______________ entsteht die Verbindung ______________.

Pentan

Die Verbindung Pentan besteht aus 5 Kohlenstoffatomen. Wie viele Wasserstoffatome enthält sie? _____. Zeichne die Verbindung auf!

Ringkohlenwasserstoffe

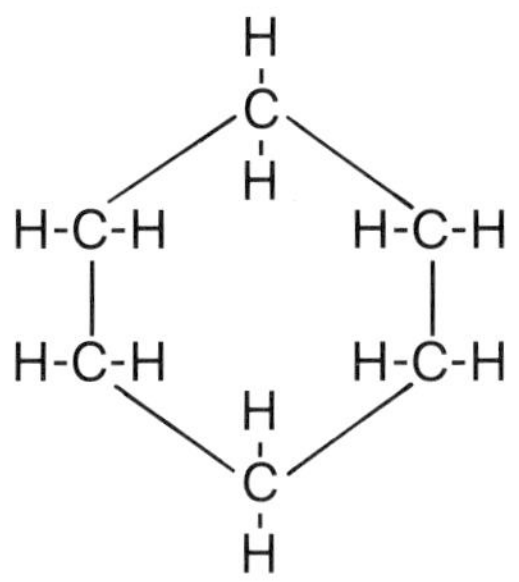

Sechs Kohlenstoffatome können sich zu einem Ring verbinden. Die Verbindung heißt ______________.

Trage die chemische Abkürzung und die Strukturformel in die Tabelle ein!

Oktan besteht aus acht Kohlenstoffatomen. Trage in die Tabelle ein!

Verbindung	Chemische Abkürzung	Strukturformel
Methan		
Propan		
Butan		
Oktan		

Name	Klasse 9	Datum	Physik / Chemie	

Kohlenwasserstoffe

Organische Chemie ——▶ Chemie der *Kohlenstoffverbindungen*.

Kettenförmige Kohlenwasserstoffe

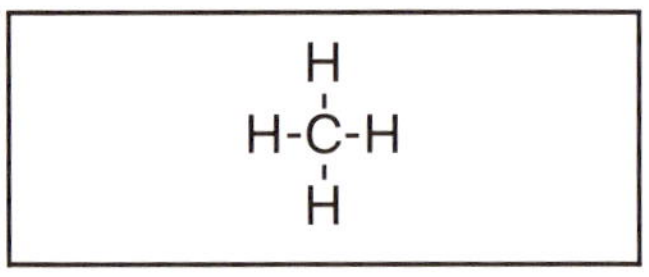

Methan

Ein Kohlenstoffatom ist mit *4 Wasserstoffatomen* verbunden. Die Verbindung heißt *Methan*.

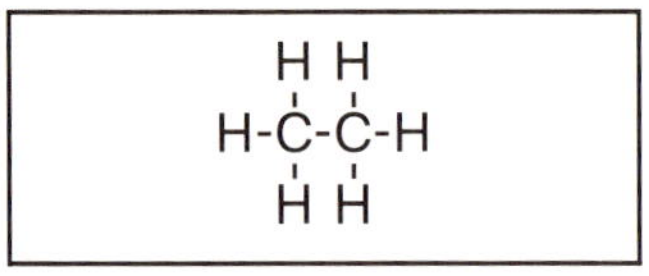

Ethan

Eine Verbindung aus 2 Kohlenstoffatomen und 6 Wasserstoffatomen pro Molekül heißt *Ethan*.

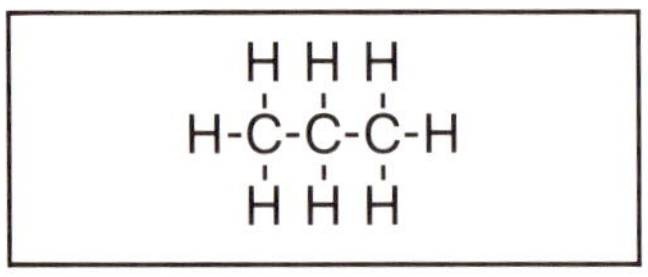

Propan

Aus *3 Kohlenstoffatomen* und *6 Wasserstoffatomen* entsteht die Verbindung *Propan*.

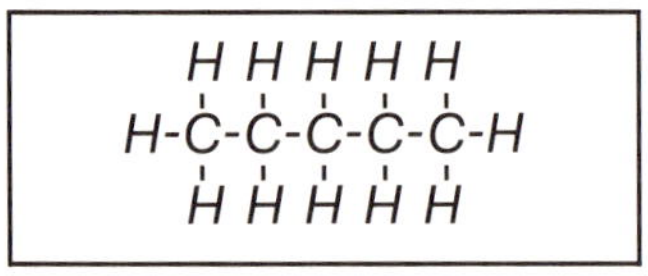

Pentan

Die Verbindung Pentan besteht aus 5 Kohlenstoffatomen. Wie viele Wasserstoffatome enthält sie? *12*. Zeichne die Verbindung auf!

Ringkohlenwasserstoffe

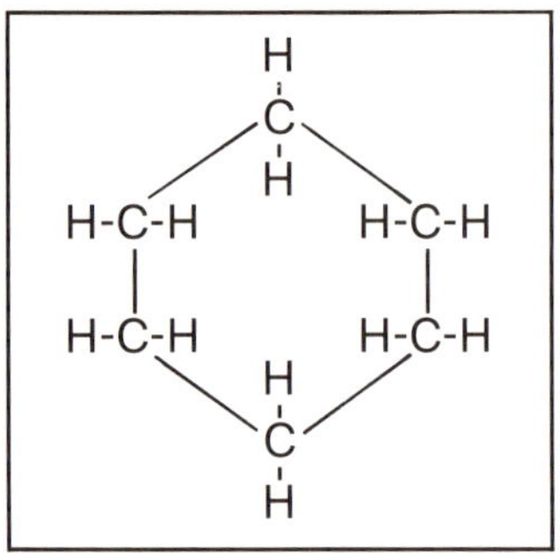

Sechs Kohlenstoffatome können sich zu einem Ring verbinden. Die Verbindung heißt *Zyclohexan*.

Trage die chemische Abkürzung und die Strukturformel in die Tabelle ein!

Oktan besteht aus acht Kohlenstoffatomen. Trage in die Tabelle ein!

Verbindung	Chemische Abkürzung	Strukturformel
Methan	CH_4	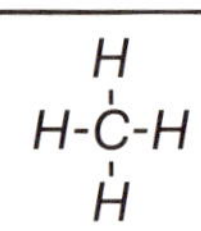
Propan	C_3H_8	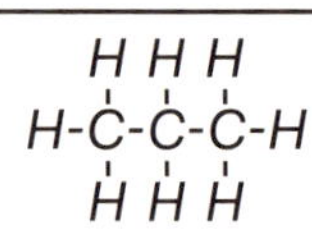
Butan	C_4H_{10}	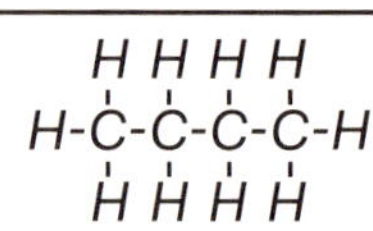
Oktan	C_8H_{18}	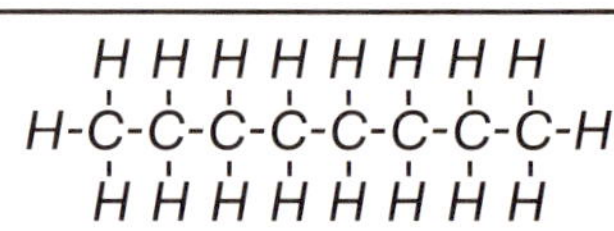

Name	Klasse 9	Datum	Physik / Chemie	
______		______		______

Kunststoffe

Herstellung von Kunststoffen

Bei der Kunststoffherstellung wird durch chemische Umwandlung erreicht, daß sich ____________

____________ zu ____________________ verbinden.

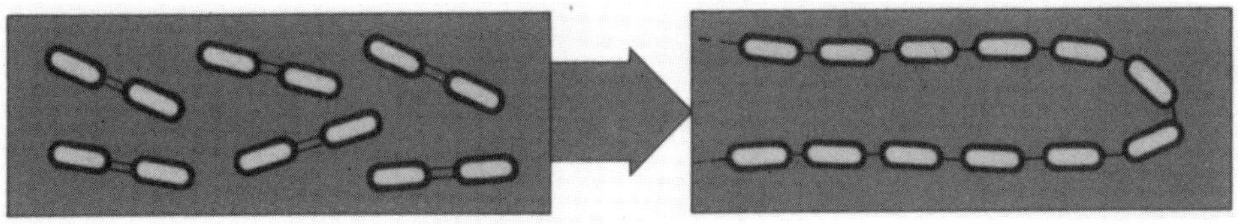

____________________ → ____________________

____________________ → ____________________

Eigenschaften der Kunststoffe – Vergleich der Löslichkeit

	Wasser	Alkohol	Benzin	Öl	Säure	Lauge
Polyethylenfolie						
Polystyrol (Styropor)						

⊕ = beständig, ⊖ = unbeständig

Temperaturverhalten

Kunststoffteile, die bei höheren Temperaturen weich werden	____________________ ____________________
Kunststoffe, die bei höheren Temperaturen beständig sind	____________________ ____________________

Thermoplaste ____________________________________.

Duroplaste sind ____________________.

Verhalten gegenüber Elektrizität

Kunststoffe leiten den ____________________ nicht. Sie sind ____________.

Isolierverhalten gegenüber Wärme und Kälte

Kunststoffe sind ______________________________. Schaumstoffe isolieren gegen

____________ und ____________.

Streiche durch, was nicht zu Kunststoffen paßt!

Isolator	hitzebeständig	wetterbeständig	Duroplast

wasserfest	verrottet	Nichtleiter	säurebeständig	korrodiert

Name	Klasse 9	Datum	Physik / Chemie	

Kunststoffe

Herstellung von Kunststoffen

Bei der Kunststoffherstellung wird durch chemische Umwandlung erreicht, daß sich *einzelne* *Moleküle* zu *Großmolekülen* verbinden.

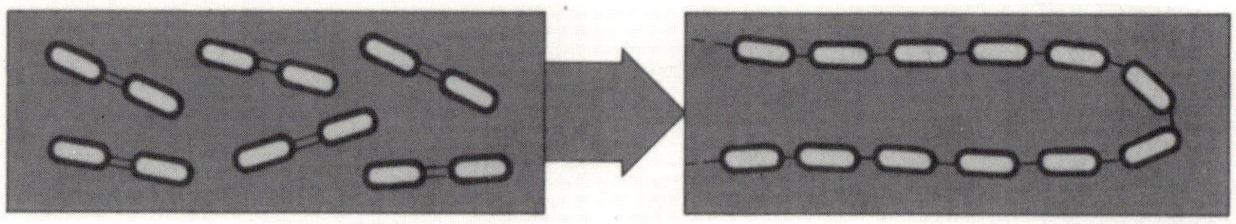

Einzelmoleküle → *Molekülketten*

Gas oder Flüssigkeit → *Fester Kunststoff*

Eigenschaften der Kunststoffe – Vergleich der Löslichkeit

	Wasser	Alkohol	Benzin	Öl	Säure	Lauge
Polyethylenfolie	+	+	+	+	+	+
Polystyrol (Styropor)	+	+	–	+	+	+

⊕ = beständig, ⊖ = unbeständig

Temperaturverhalten

Kunststoffteile, die bei höheren Temperaturen weich werden	*Plastiktüte, Becher, Filzstifte, Plastikflaschen, Wäscheklammern . . .*
Kunststoffe, die bei höheren Temperaturen beständig sind	*Pfannengriffe, Teile des Bügeleisens, Lampenfassungen . . .*

Thermoplaste *schmelzen beim Erwärmen*.

Duroplaste sind *wärmebeständig*.

Verhalten gegenüber Elektrizität

Kunststoffe leiten den *elektrischen Strom* nicht. Sie sind *Isolatoren*.

Isolierverhalten gegenüber Wärme und Kälte

Kunststoffe sind *schlechte Wärmeleiter*. Schaumstoffe isolieren gegen *Wärme* und *Kälte*.

Streiche durch, was nicht zu Kunststoffen paßt!

Isolator	hitzebeständig	wetterbeständig	Duroplast	
wasserfest	~~verrottet~~	Nichtleiter	säurebeständig	~~korrodiert~~

Name	Klasse 9	Datum	Physik / Chemie	
______		______		______

II. Spannungserzeugung durch Induktion

Entstehung der Induktionsspannung

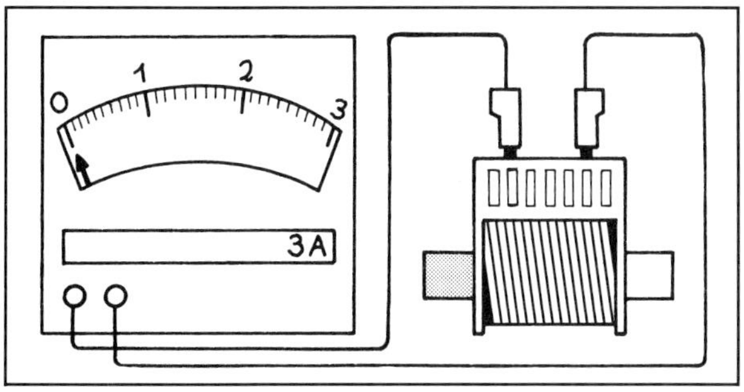

Versuch:

Wir schließen eine Spule (300 Windungen) an ein Voltmeter an. Dann führen wir einen Stabmagneten in die Spule ein, schieben ihn mehrmals hin und her und lassen ihn letztlich in der Spule liegen.

Dabei beobachten wir:

Der ______________ wird in der ______________

hin- und hergeschoben. ——▶ Zeigerausschlag

Der Magnet ______________ in der Spule. ——▶ ______________ Zeigerausschlag

Durch die Hin- und Herbewegung des Magneten in der Spule ändert sich die ______________ des Magnetfeldes, mit der dieses auf den Leiterdraht der Spule einwirkt. Diese Änderung der ______________ bewirkt eine Verschiebung der freien ______________ im Leiterdraht. An den ______________ der Spule entsteht eine ______________.

______________ sich in einer Spule die ______________ eines ______________, so entsteht an den Enden der Spule eine ______________.

Diesen Vorgang nennt man ______________.

Die so erzeugte Spannung heißt ______________.

Fahrraddynamo

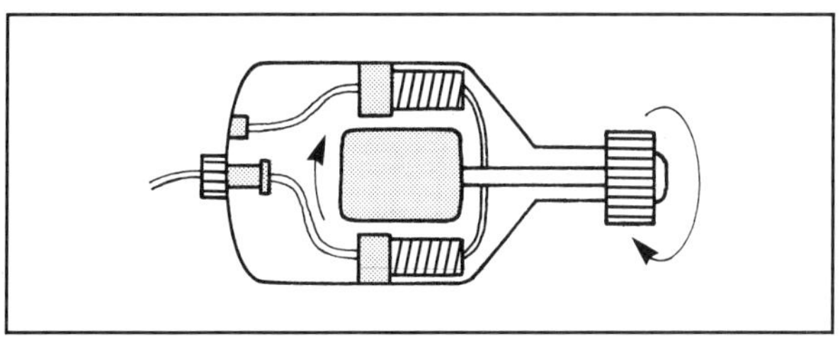

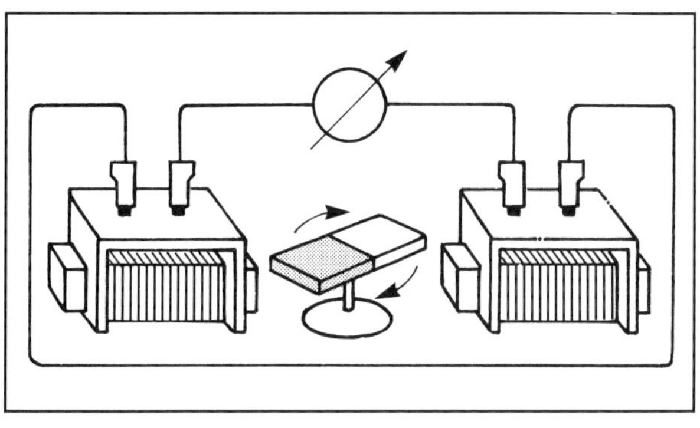

Aus welchen Teilen besteht ein Fahrraddynamo hauptsächlich?

____

____

Erkläre, wie ein Fahrraddynamo funktioniert!

____

____

____

____

____

____

____

Name	Klasse 9	Datum	Physik / Chemie	

II. Spannungserzeugung durch Induktion

Entstehung der Induktionsspannung

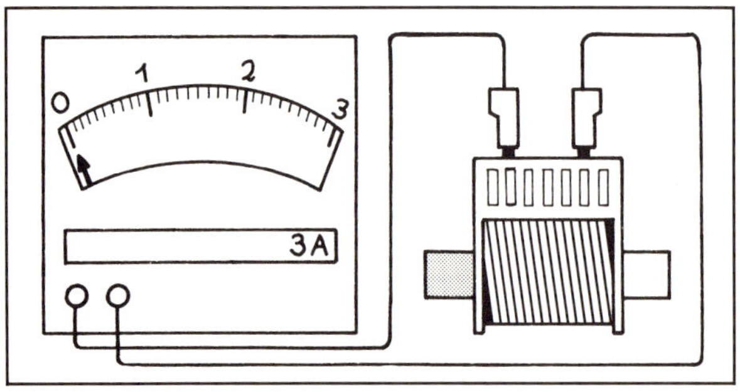

Versuch:

Wir schließen eine Spule (300 Windungen) an ein Voltmeter an. Dann führen wir einen Stabmagneten in die Spule ein, schieben ihn mehrmals hin und her und lassen ihn letztlich in der Spule liegen.

Dabei beobachten wir:

Der *Magnet* wird in der *Spule* hin- und hergeschoben. → Zeigerausschlag

Der Magnet *ruht* in der Spule. → *kein* Zeigerausschlag

Durch die Hin- und Herbewegung des Magneten in der Spule ändert sich die *Stärke* des Magnetfeldes, mit der dieses auf den Leiterdraht der Spule einwirkt. Diese Änderung der *Magnetfeldstärke* bewirkt eine Verschiebung der freien *Elektronen* im Leiterdraht. An den *Enden* der Spule entsteht eine *elektrische Spannung*.

Ändert sich in einer Spule die *Stärke* eines *Magnetfeldes*, so entsteht an den Enden der Spule eine *elektrische Spannung*.

Diesen Vorgang nennt man *elektromagnetische Induktion*.

Die so erzeugte Spannung heißt *Induktionsspannung*.

Fahrraddynamo

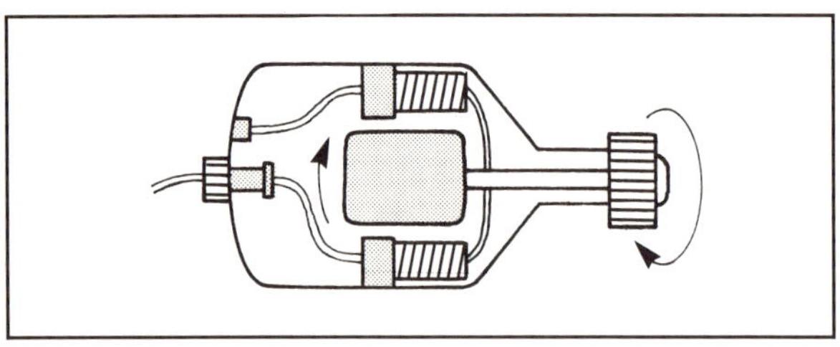

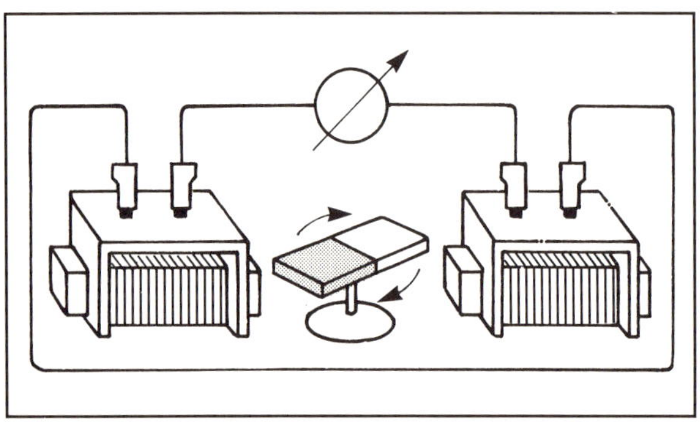

Aus welchen Teilen besteht ein Fahrraddynamo hauptsächlich?

Antriebsrad, Gehäuse,

Läufer, Spule mit Halter

Erkläre, wie ein Fahrraddynamo funktioniert!

Wird der Läufer bewegt,

so ändert sich die Stärke,

mit der das Magnetfeld

auf die Spule wirkt.

An den Enden der Spule

entsteht Spannung.

Name	Klasse 9	Datum	Physik / Chemie	

Abhängigkeit der Induktionsspannung

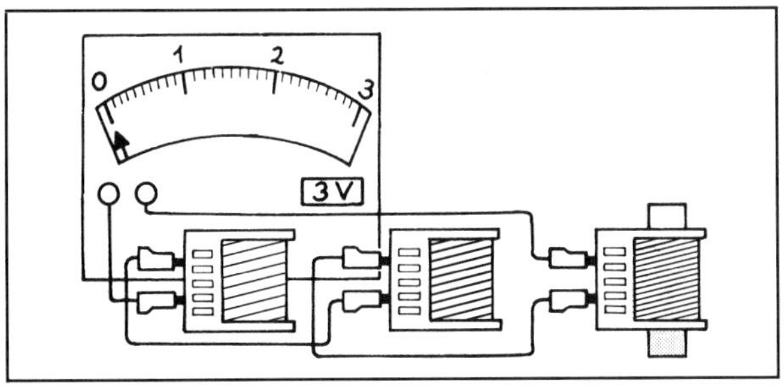

Versuch:

Drei Spulen (300, 600 und 1200 Windungen) werden in Reihe geschaltet und mit einem Voltmeter verbunden. Nacheinander bewegen wir verschieden starke Magnete unterschiedlich schnell in den Spulen.

Anzahl der Windungen	Magnet	Bewegung	Meßwert in Skalenteilen
300	schwach	langsam	1,5
600	schwach	langsam	3
1200	schwach	langsam	6
300	schwach	langsam	1,5
300	schwach	schnell	4
600	stark	langsam	5
600	stark	schnell	10

Die Induktionsspannung wird um so ____________,

– je ______________________________

die Induktionsspule hat.

– je ______________ das ______________________

ist.

– je ______________________ das Magnetfeld

______________________ wird.

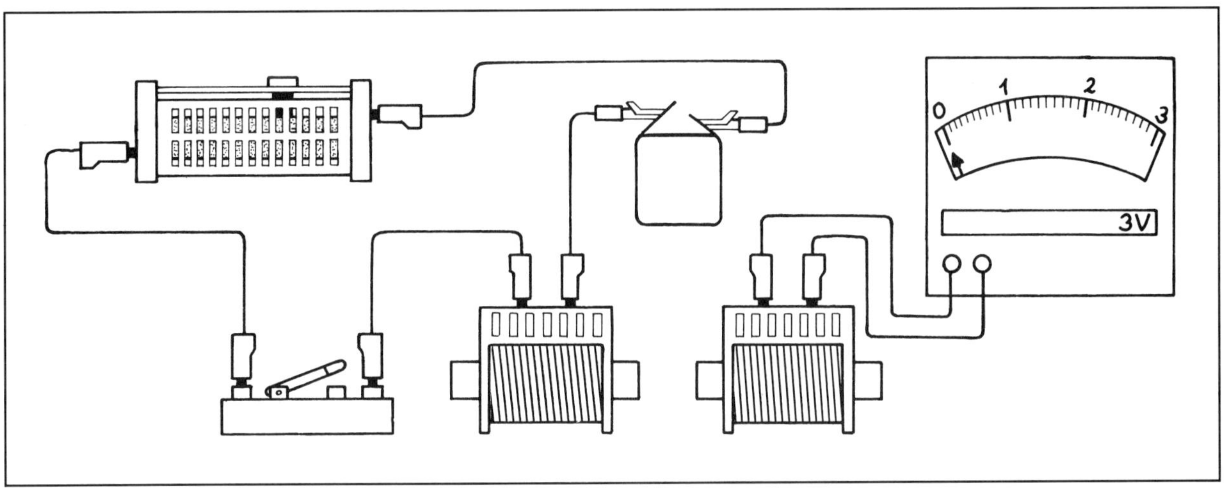

Das Voltmeter zeigt kurzzeitig elektrische Spannung an,

– wenn der Schalter ______________________ oder ______________________ wird,

– wenn der ______________________________________ geändert wird.

Erkläre:

____

____

____

____

____

____

Name	Klasse 9	Datum	Physik / Chemie	

Abhängigkeit der Induktionsspannung

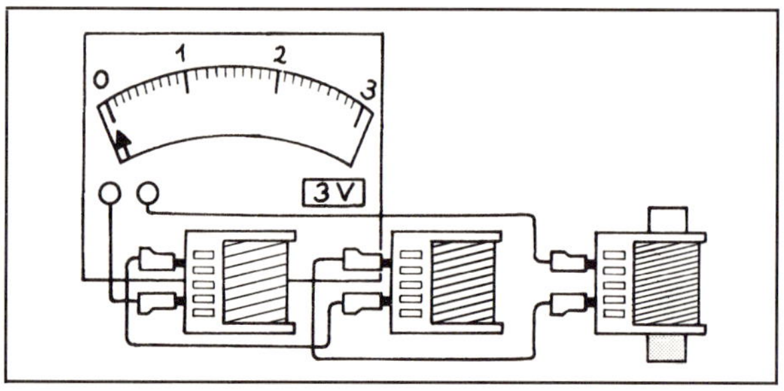

Versuch:

Drei Spulen (300, 600 und 1200 Windungen) werden in Reihe geschaltet und mit einem Voltmeter verbunden. Nacheinander bewegen wir verschieden starke Magnete unterschiedlich schnell in den Spulen.

Anzahl der Windungen	Magnet	Bewegung	Meßwert in Skalenteilen
300	schwach	langsam	1,5
600	schwach	langsam	3
1200	schwach	langsam	6
300	schwach	langsam	1,5
300	schwach	schnell	4
600	stark	langsam	5
600	stark	schnell	10

Die Induktionsspannung wird um so *größer*,

– je *mehr Windungen* die Induktionsspule hat.

– je *stärker* das *Magnetfeld* ist.

– je *schneller* das Magnetfeld *geändert* wird.

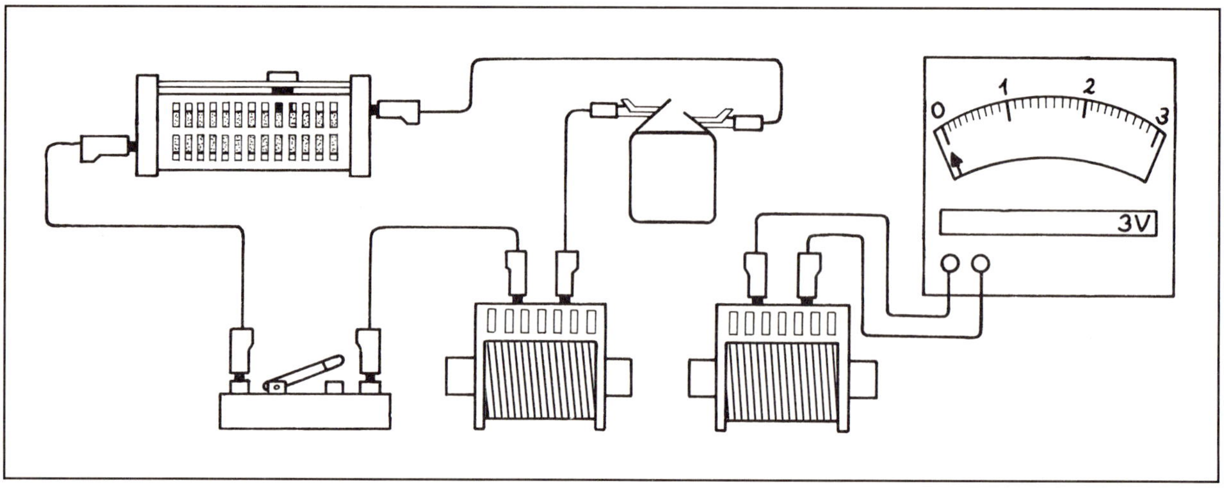

Das Voltmeter zeigt kurzzeitig elektrische Spannung an,

– wenn der Schalter *geschlossen* oder *geöffnet* wird,

– wenn der *elektrische Widerstand* geändert wird.

Erkläre:

Wird der Schalter geöffnet oder geschlossen oder der elektrische Widerstand geändert, dann ändern sich auch die Stromstärke und das Magnetfeld. Diese Magnetfeldänderung erzeugt an den Enden der Induktionsspule elektrische Spannung.

Name	Klasse 9	Datum	Physik / Chemie	

Wechselspannung – Wechselstrom

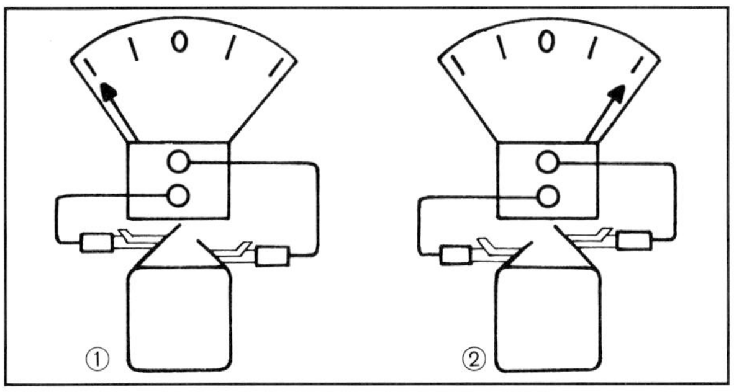

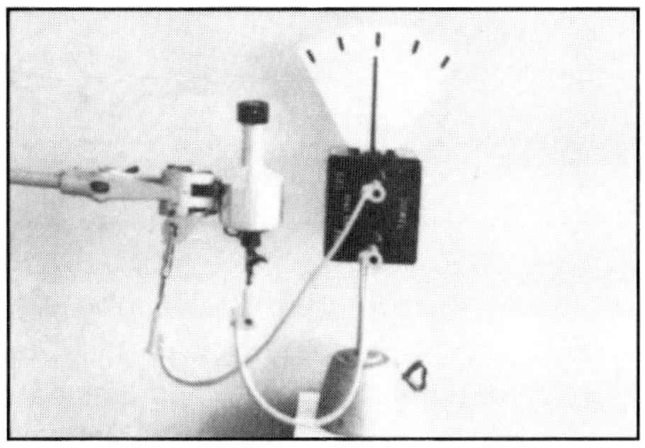

Wir schließen ein Voltmeter mit Nullanzeige in Mittelstellung an eine Batterie an.

① Der Zeiger schlägt nach einer Seite aus.

② Der Zeiger schlägt nach der anderen Seite aus.

Schließen wir das Voltmeter an einen Fahrraddynamo an und drehen am Antriebsrad, so schlägt der Zeiger abwechselnd nach rechts und links aus.

Eine Batterie hat einen ◯ Pol und einen ◯ Pol. Die Spannung einer Batterie heißt ____________ ____________. In einem angeschlossenen Stromkreis fließt ____________. Durch Umpolen lassen sich die ____________ der Spannung und die Stromrichtung ____________.

Beim Fahrraddynamo erfolgt eine ständige Umpolung an den Enden der Induktionsspule. Eine solche Spannung heißt ____________. In einem angeschlossenen Stromkreis fließt ____________.

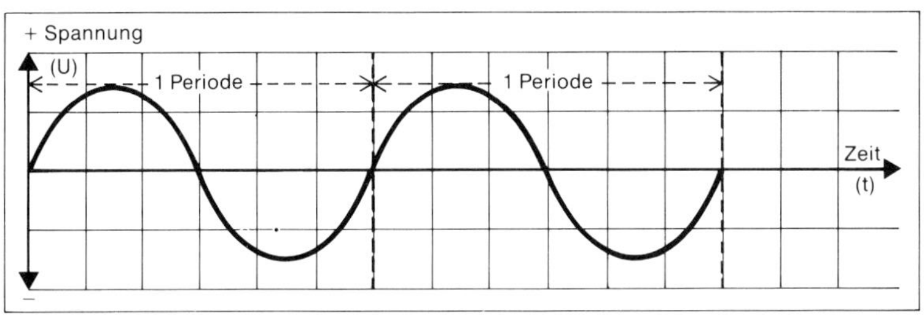

Eine ____________ ändert ständig ____________ und ____________.

Die Zeitdauer, in der die ____________ von Null aus zwischen den beiden Höchstwerten pendelt und wieder den Wert Null erreicht, heißt ____________.

Die Anzahl der ____________ einer Wechselspannung je ____________ bezeichnet man als ____________. Die Maßeinheit der ____________ ist 1 Hertz (Hz).

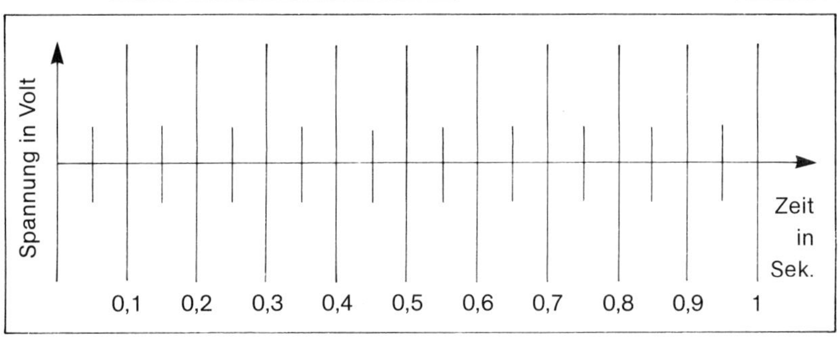

Zeichne eine Wechselspannungskurve mit der Frequenz

- von 1 Hz
- von 2 Hz
- von 5 Hz

Name	Klasse 9	Datum	Physik / Chemie	

Wechselspannung – Wechselstrom

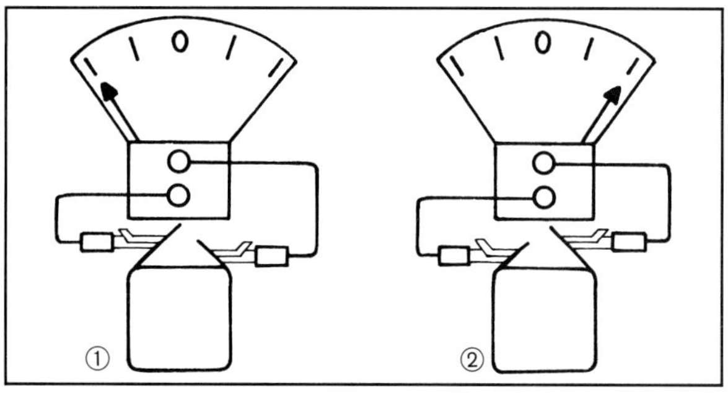

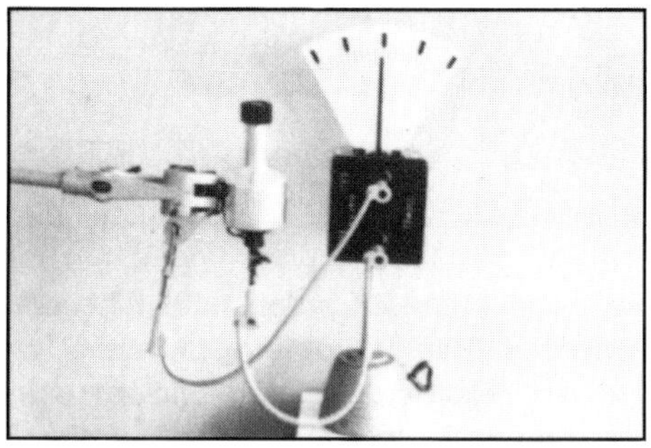

Wir schließen ein Voltmeter mit Nullanzeige in Mittelstellung an eine Batterie an.

① Der Zeiger schlägt nach einer Seite aus.

② Der Zeiger schlägt nach der anderen Seite aus.

Schließen wir das Voltmeter an einen Fahrraddynamo an und drehen am Antriebsrad, so schlägt der Zeiger abwechselnd nach rechts und links aus.

Eine Batterie hat einen ⊕ Pol und einen ⊖ Pol. Die Spannung einer Batterie heißt *Gleichspannung*. In einem angeschlossenen Stromkreis fließt *Gleichstrom*. Durch Umpolen lassen sich die *Richtung* der Spannung und die Stromrichtung *umkehren*.

Beim Fahrraddynamo erfolgt eine ständige Umpolung an den Enden der Induktionsspule. Eine solche Spannung heißt *Wechselspannung*. In einem angeschlossenen Stromkreis fließt *Wechselstrom*.

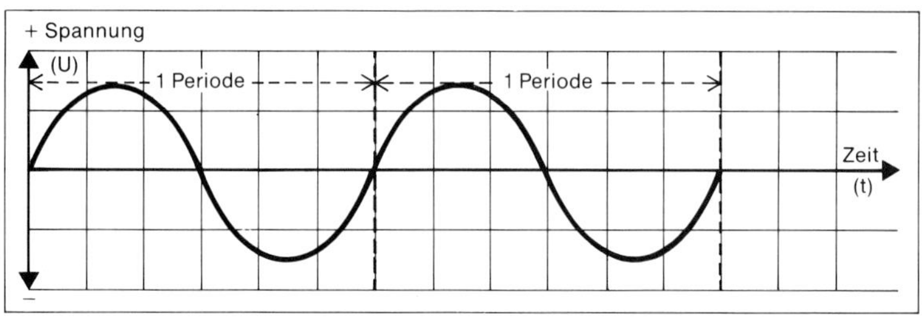

Eine *Wechselspannung* ändert ständig *Richtung* und *Stärke*.

Die Zeitdauer, in der die *Wechselspannung* von Null aus zwischen den beiden Höchstwerten pendelt und wieder den Wert Null erreicht, heißt *Periode*.

Die Anzahl der *Perioden* einer Wechselspannung je *Sekunde* bezeichnet man als *Frequenz*. Die Maßeinheit der *Frequenz* ist 1 Hertz (Hz).

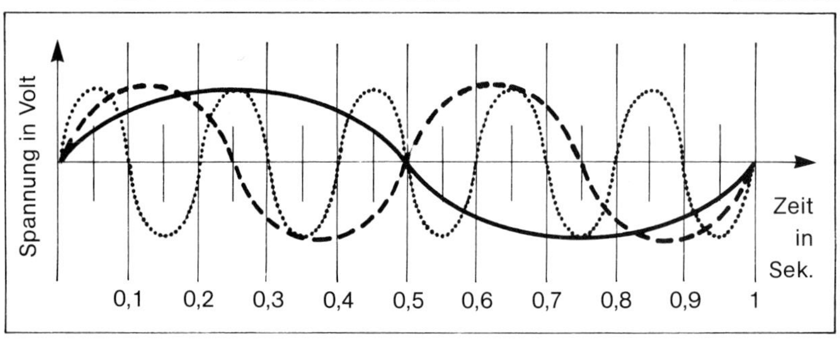

Zeichne eine Wechselspannungskurve mit der Frequenz

- von 1 Hz
- von 2 Hz
- von 5 Hz

Name	Klasse 9	Datum	Physik / Chemie	

Generatoren

Generatoren sind Maschinen, die – wie ein Fahrraddynamo – mechanische Energie in elektrische Energie umwandeln.

Aus welchen Hauptteilen besteht ein Generator?

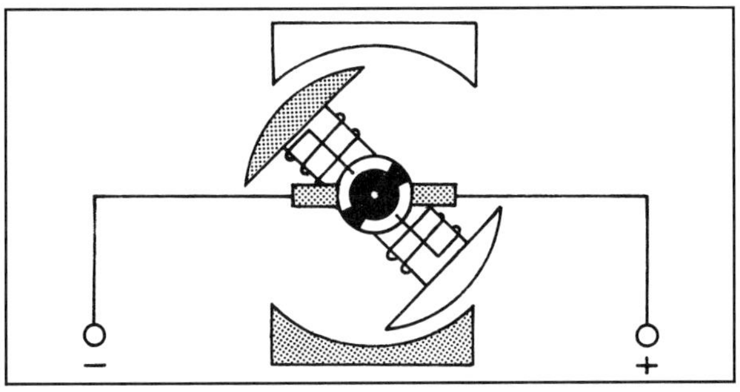

Erkläre, wie in einem Generator elektrische Spannung entsteht!

elektrische Energie ⇄ mechanische Energie

Wieso ist ein Elektromotor die Umkehrung eines Generators?

Wo werden Generatoren hauptsächlich eingesetzt?

Name	Klasse 9	Datum	Physik / Chemie	

Generatoren

Generatoren sind Maschinen, die – wie ein Fahrraddynamo – mechanische Energie in elektrische Energie umwandeln.

Aus welchen Hauptteilen besteht ein Generator?

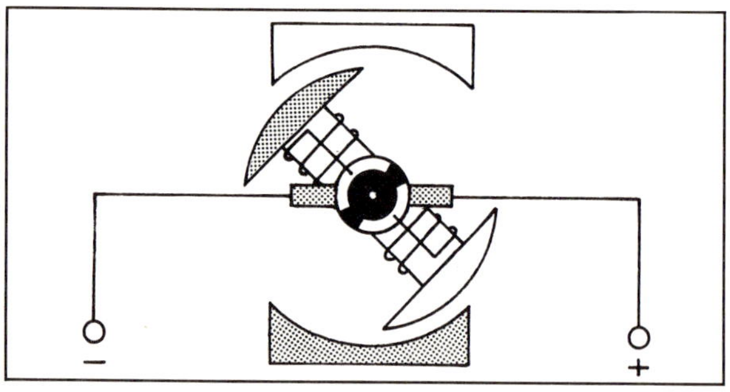

Feldmagnet

Anker (Eisenkern mit Spule)

Antrieb

Schleifkontakte

Erkläre, wie in einem Generator elektrische Spannung entsteht!

Durch die Drehung des Ankers wirkt das Magnetfeld des Feldmagneten unterschiedlich stark auf die Ankerspule, in der dann Spannung induziert wird.

elektrische Energie → *Elektromotor* → mechanische Energie

mechanische Energie → *Generator* → elektrische Energie

Wieso ist ein Elektromotor die Umkehrung eines Generators?

Ein Generator wandelt mechanische Energie in elektrische Energie um. Ein Elektromotor wandelt elektrische Energie in mechanische Energie um.

Wo werden Generatoren hauptsächlich eingesetzt?

Kraftwerke *Fahrzeuge*

Name	Klasse 9	Datum	Physik / Chemie	
____		____		____

III. Der Transformator

Aufbau und Funktion eines Transformators

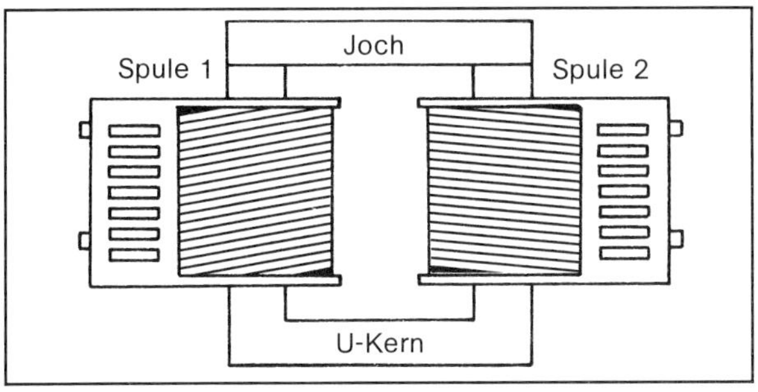

Ein Transformator besteht aus folgenden Hauptteilen:

- geschlossener Eisenkern
  (____ und ____)
- ____

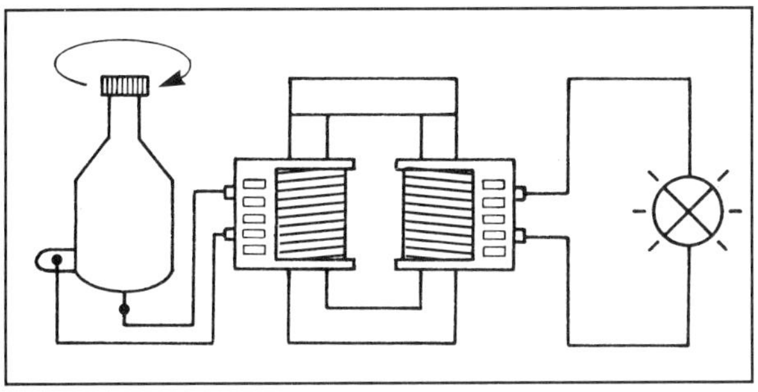

Sobald wir am Dynamo drehen, leuchtet das Lämpchen. Obwohl zwischen den beiden Spulen ____ Verbindung besteht, wird ____ von der einen auf die andere Spule übertragen.

Dies geschieht durch magnetische Kopplung.

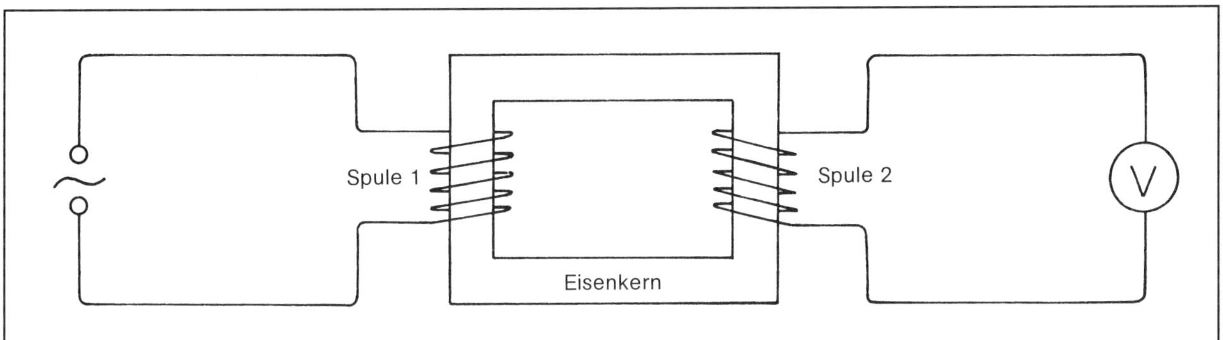

Durch Spule 1 fließt Wechselstrom. Dieser ändert ständig ____ und ____. Spule 1 umgibt sich daher mit einem ____ ____, das ständig ____ und ____ ändert.	Der geschlossene Eisenkern bündelt das Magnetfeld.	Auf Spule 2 wirkt ein ____ ____, das ____ und ____ ändert. Dadurch wird an den ____ der Spule 2 eine ____ induziert.
Primärspule		Sekundärspule

Der ____ überträgt durch ____ elektrische Energie von der ____ auf die ____.

Name	Klasse 9	Datum	Physik / Chemie	

III. Der Transformator

Aufbau und Funktion eines Transformators

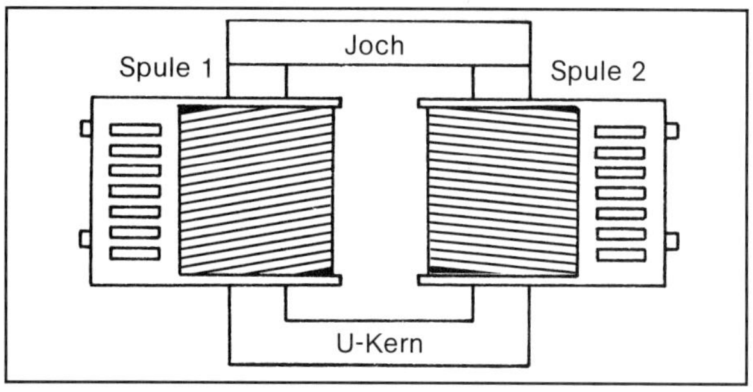

Ein Transformator besteht aus folgenden Hauptteilen:

- geschlossener Eisenkern (*U-Kern* und *Joch*)
- *2 Spulen*

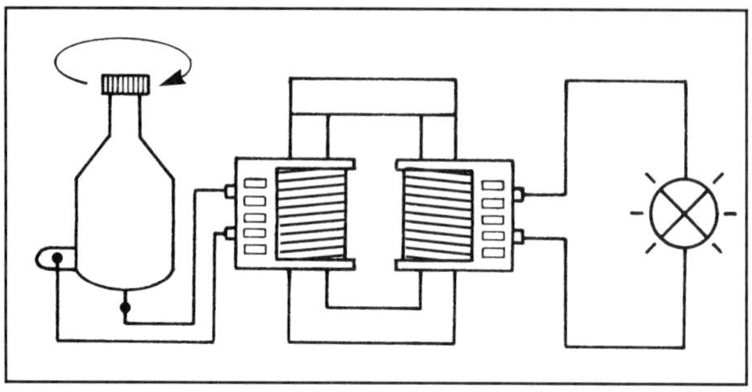

Sobald wir am Dynamo drehen, leuchtet das Lämpchen. Obwohl zwischen den beiden Spulen *keine leitende* Verbindung besteht, wird *elektrische Energie* von der einen auf die andere Spule übertragen.

Dies geschieht durch magnetische Kopplung.

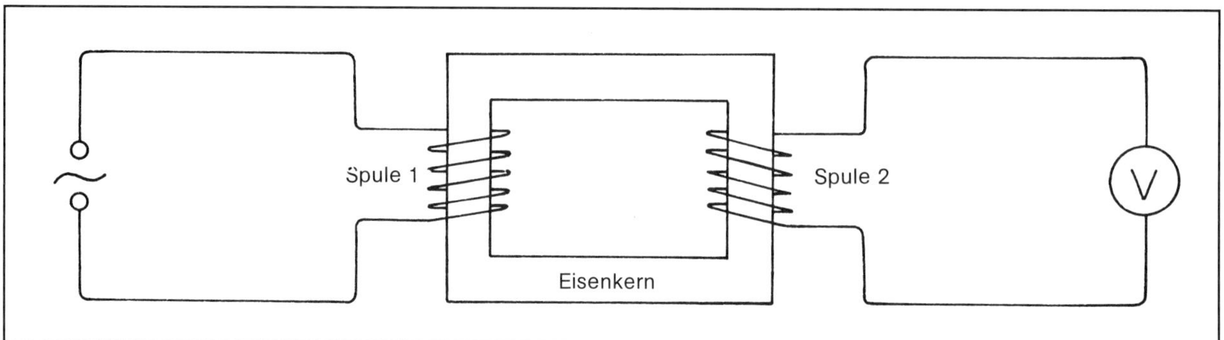

Durch Spule 1 fließt Wechselstrom. Dieser ändert ständig *Richtung* und *Stärke*. Spule 1 umgibt sich daher mit einem *Magnetfeld*, das ständig *Richtung* und *Stärke* ändert.	Der geschlossene Eisenkern bündelt das Magnetfeld.	Auf Spule 2 wirkt ein *Magnetfeld*, das *Richtung* und *Stärke* ändert. Dadurch wird an den *Enden* der Spule 2 eine *Spannung* induziert.
Primärspule		Sekundärspule

Der *Transformator* überträgt durch *magnetische Kopplung* elektrische Energie von der *Primärspule* auf die *Sekundärspule*.

Name	Klasse 9	Datum	Physik / Chemie	
______		______		______

Primär- und Sekundärspannung beim Transformator

Wie sich beim Transformator bei der Energieübertragung von der Primär- auf die Sekundärspule die Spannung verändert, zeigt folgender Versuch.

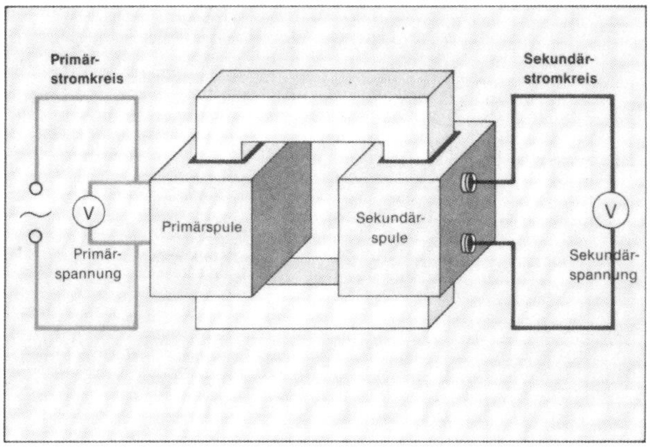

Erstelle eine Geräteliste!

____

Spulen ______________________

____

____

____

Wechselspannungsquelle (4 V)

____

____

Versuchsergebnisse:

Windungen der Primärspule N_p	Windungen der Sekundärspule N_s	Primär-spannung U_p	Sekundär-spannung U_s	$N_p : N_s$	$U_p : U_s$

Ein Transformator ____________ die Spannung, wenn die ______________________ Windungen als die Primärspule hat. Ein Transformator ____________ die Spannung, wenn die ______________________ Windungen als die ____________ hat.

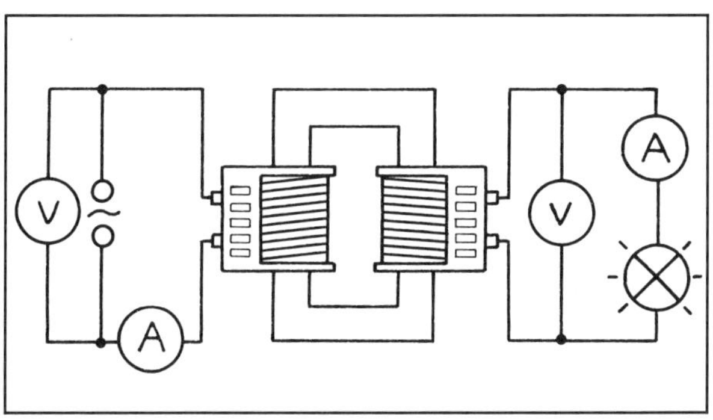

Versuch:

Im Sekundärkreis befindet sich nun ein „Verbraucher". Neben den Spannungen werden auch die Stromstärken gemessen, z. B.

$U_p = 24$ V; $I_p = 0{,}7$ A; $U_s = 6$ V; $I_s = 2{,}5$ A

Berechne:

Leistung im Primärkreis ____________

Leistung im Sekundärkreis ____________

Name	Klasse 9	Datum	Physik / Chemie	

Primär- und Sekundärspannung beim Transformator

Wie sich beim Transformator bei der Energieübertragung von der Primär- auf die Sekundärspule die Spannung verändert, zeigt folgender Versuch.

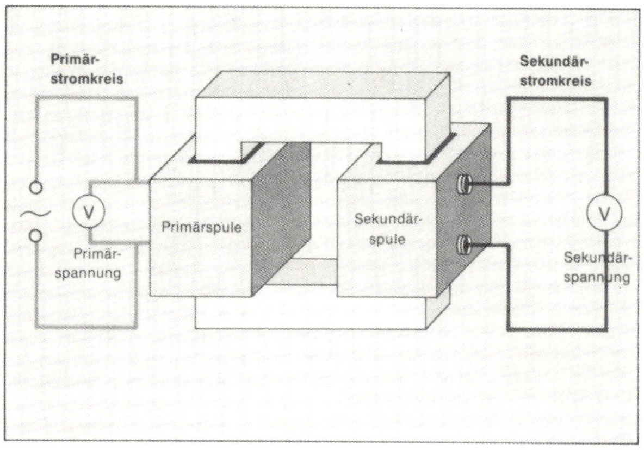

Erstelle eine Geräteliste!

U-Kern, Joch

Spulen *75 Windungen – 1x*

300 Windungen – 2x

600 Windungen – 2x

1200 Windungen – 1x

Wechselspannungsquelle (4 V)

Voltmeter – 2x

Kabel

Versuchsergebnisse:

Windungen der Primärspule N_p	Windungen der Sekundärspule N_s	Primärspannung U_p	Sekundärspannung U_s	$N_p : N_s$	$U_p : U_s$

Ein Transformator *erhöht* die Spannung, wenn die *Sekundärspule mehr* Windungen als die Primärspule hat. Ein Transformator *verringert* die Spannung, wenn die *Sekundärspule weniger* Windungen als die *Primärspule* hat.

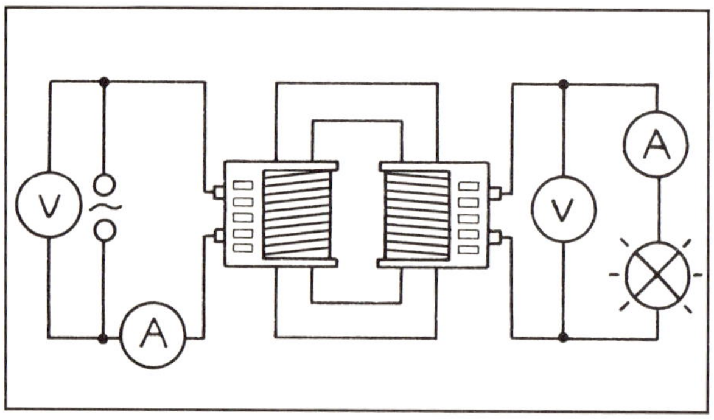

Versuch:

Im Sekundärkreis befindet sich nun ein „Verbraucher". Neben den Spannungen werden auch die Stromstärken gemessen, z. B.

$U_p = 24$ V; $I_p = 0{,}7$ A; $U_s = 6$ V; $I_s = 2{,}5$ A

Berechne:

Leistung im Primärkreis *16,8 W*

Leistung im Sekundärkreis *15,0 W*

Name	Klasse 9	Datum	Physik / Chemie	
______		______		______

Energietransport

Welche Probleme stellen sich beim Transport elektrischer Energie über weite Entfernungen?

– ______________________ – ______________________

– ______________________

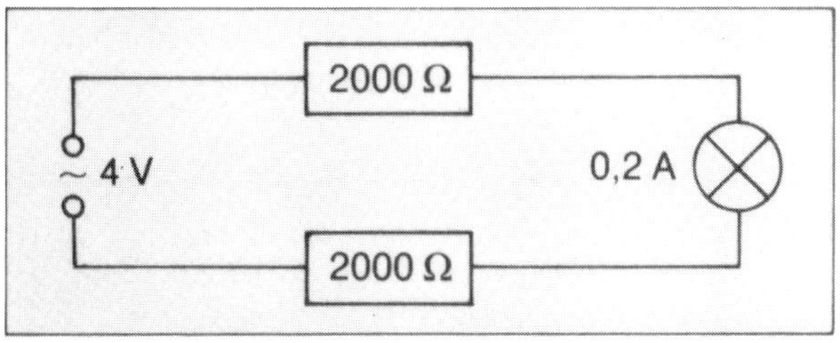

In der Hin- und Rückleitung liegt jeweils ein Widerstand von 2000 Ω. Das entspricht dem Widerstand einer ______________________. Wir beobachten, daß die Lampe nicht leuchtet.

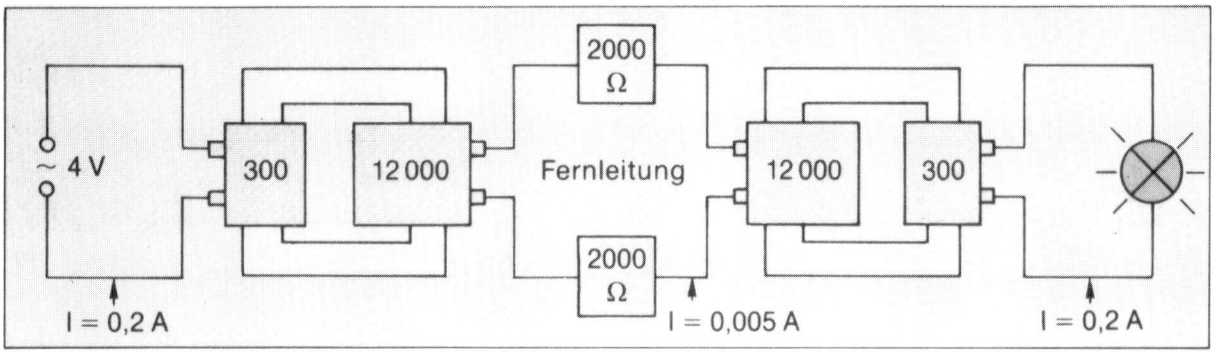

Der erste Transformator ______________________ die Spannung auf ca. 160 V. Dadurch bleibt der ______________________ in der „Fernleitung" so gering, daß das Lämpchen leuchtet.

Elektrische Energie wird in Fernleitungen mit ______________________ übertragen, um den ______________________ halten zu können.

Ein Kraftwerk liefert 150 000 kWh elektrische Energie. Berechne die Stromstärke, wenn der Transport mit einer Spannung von 380 V erfolgen würde!

Stromstärke = ______________ = ______________ ≈ ______________

Wie verändert sich die Stromstärke, wenn die Spannung für den Transport auf 220 kV hinauftransformiert wird?

I = ______________ ≈ ______________

Elektrische Energie wird mit Hochspannung übertragen, um die ______________________ in der Fernleitung ______________________ zu halten.

Name	Klasse 9	Datum	Physik / Chemie	

Energietransport

Welche Probleme stellen sich beim Transport elektrischer Energie über weite Entfernungen?

– *großer elektrischer Widerstand*
– *Energieverluste*
– *große Energiemengen*

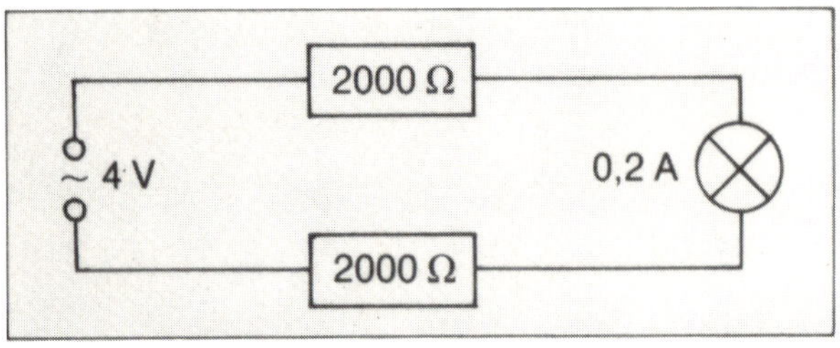

In der Hin- und Rückleitung liegt jeweils ein Widerstand von 2000 Ω. Das entspricht dem Widerstand einer *Fernleitung*. Wir beobachten, daß die Lampe nicht leuchtet.

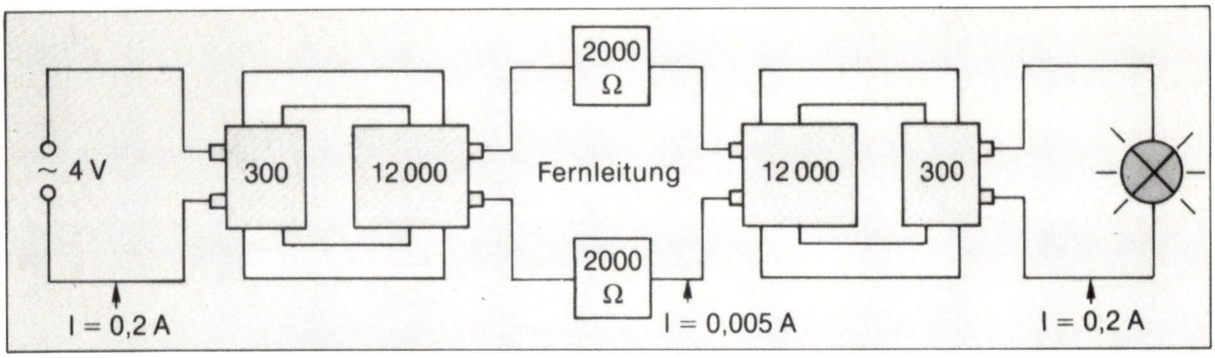

Der erste Transformator *erhöht* die Spannung auf ca. 160 V. Dadurch bleibt der *Energieverlust* in der „Fernleitung" so gering, daß das Lämpchen leuchtet.

> Elektrische Energie wird in Fernleitungen mit *Hochspannung* übertragen, um den *Energieverlust gering* halten zu können.

Ein Kraftwerk liefert 150 000 kWh elektrische Energie. Berechne die Stromstärke, wenn der Transport mit einer Spannung von 380 V erfolgen würde!

$$\text{Stromstärke} = \frac{\textit{elektrische Energie}}{\textit{Spannung} \cdot \textit{Zeit}} = \frac{150\,000\,000 \text{ Wh}}{380 \text{ V} \cdot 1 \text{ h}} \approx 395\,000 \text{ A}$$

Wie verändert sich die Stromstärke, wenn die Spannung für den Transport auf 220 kV hinauftransformiert wird?

$$I = \frac{150\,000\,000 \text{ Wh}}{220\,000 \text{ V} \cdot 1 \text{ h}} \approx 682 \text{ A}$$

> Elektrische Energie wird mit Hochspannung übertragen, um die *Stromstärke* in der Fernleitung *gering* zu halten.

Name	Klasse 9	Datum	Physik / Chemie	

IV. Gefahren durch den elektrischen Strom

Vom Kraftwerk zum Verbraucher

1. Elektrizität auf dem Weg zum Verbraucher

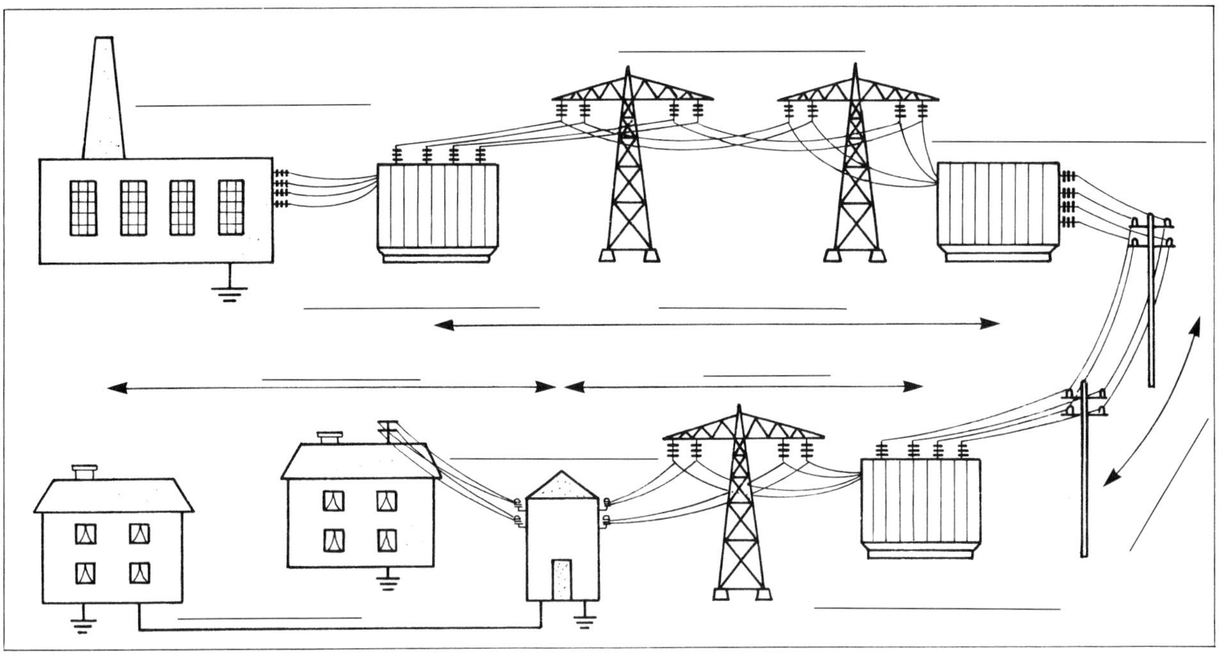

Setze in die Skizze folgende Begriffe ein: Erdkabel, Überlandleitung, Transformator, Umspannwerk, Kraftwerk! Setze auf die Pfeile die richtigen Spannungen: 220/380 V, 10 kV, 110 kV, 220/380 kV!

Die **Generatoren** erzeugen ______________________________.

Das **Umspannwerk** transformiert die erzeugte Spannung des Kraftwerkes auf ______________

(______________________________).

Die **Überlandleitungen** bringen den ______________ in die Nähe des Verbrauchers.

Das **Hauptumspannwerk** transformiert ______________ kV auf ______________ kV.

Das **Gruppenumspannwerk** transformiert ______________ kV auf ______________ kV.

Die **Ortstransformatoren** transformieren ______________ kV auf ______________ V.

Die **Ortsleitungen** (Erdkabel/Freileitungen) bringen die ______________________________

zum Verbraucher.

2. Der Hausanschluß

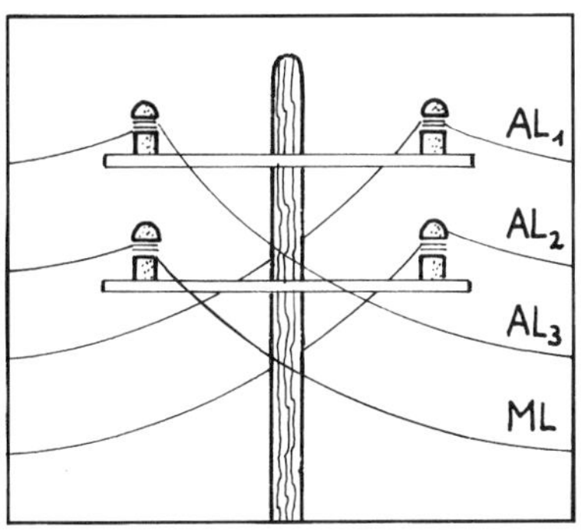

An unsere Häuser sind 4 Leiter angeschlossen. Es handelt sich um ______________ Außenleiter (AL) und ______________ Mittelpunktsleiter (ML). Die Außenleiter dienen der Zuführung der elektrischen Energie. Der Mittelpunktsleiter ist die ______________ ______________ zum Kraftwerk. Zwischen den Außenleitern und dem Mittelpunktsleiter liegt eine Spannung von __________ V.

Name	Klasse 9	Datum	Physik / Chemie	

IV. Gefahren durch den elektrischen Strom

Vom Kraftwerk zum Verbraucher

1. Elektrizität auf dem Weg zum Verbraucher

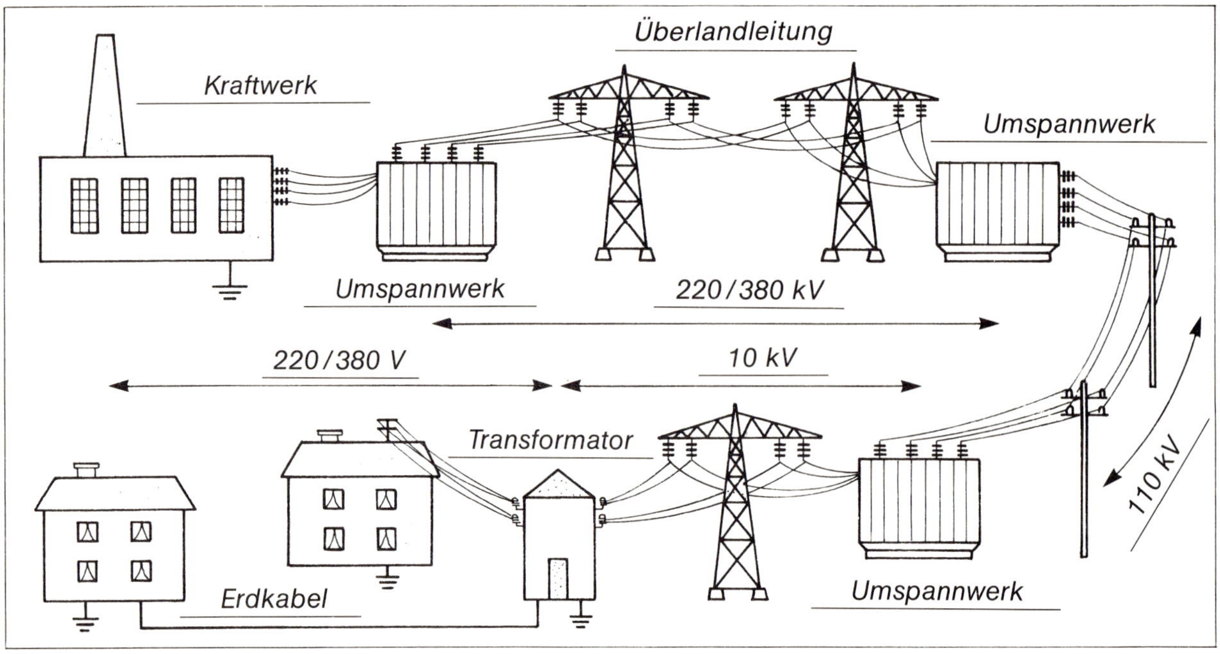

Setze in die Skizze folgende Begriffe ein: Erdkabel, Überlandleitung, Transformator, Umspannwerk, Kraftwerk! Setze auf die Pfeile die richtigen Spannungen: 220/380 V, 10 kV, 110 kV, 220/380 kV!

Die **Generatoren** erzeugen *Wechselspannung*.

Das **Umspannwerk** transformiert die erzeugte Spannung des Kraftwerkes auf *220/380 kV* (*Hochspannung*).

Die **Überlandleitungen** bringen den *Strom* in die Nähe des Verbrauchers.

Das **Hauptumspannwerk** transformiert *220/380* kV auf *110* kV.

Das **Gruppenumspannwerk** transformiert *110* kV auf *10* kV.

Die **Ortstransformatoren** transformieren *10* kV auf *220/380* V.

Die **Ortsleitungen** (Erdkabel/Freileitungen) bringen die *elektrische Energie* zum Verbraucher.

2. Der Hausanschluß

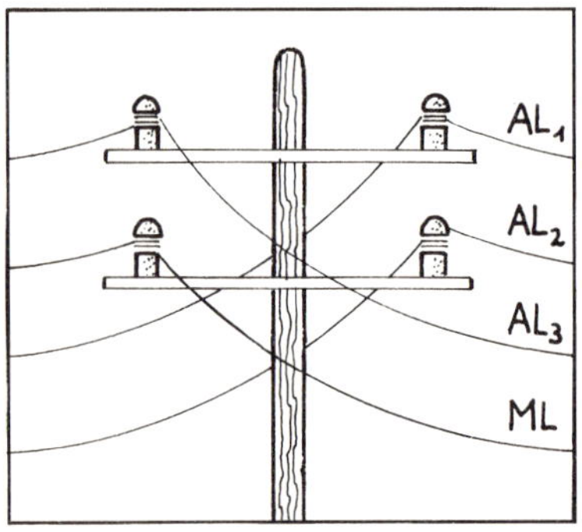

An unsere Häuser sind 4 Leiter angeschlossen. Es handelt sich um *drei* Außenleiter (AL) und *einen* Mittelpunktsleiter (ML). Die Außenleiter dienen der Zuführung der elektrischen Energie. Der Mittelpunktsleiter ist die *Rückleitung* zum Kraftwerk. Zwischen den Außenleitern und dem Mittelpunktsleiter liegt eine Spannung von *220* V.

Name	Klasse 9	Datum	Physik / Chemie	

Erde als Leiter

Lehrerversuch! (Diesen Versuch darfst du auf **keinen Fall** zu Hause nachmachen!)

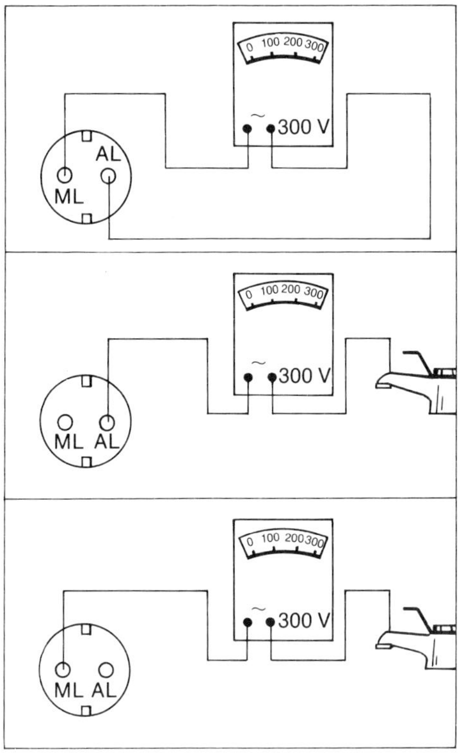

a) Das Voltmeter wird an beide Kontakte der Steckdose angeschlossen. Das Meßinstrument zeigt __________ V an. Zwischen den beiden Polen der Steckdose herrscht eine Spannung von __________ V.

b) Das Voltmeter wird an den Außenleiter und die Wasserleitung angeschlossen. Das Meßinstrument zeigt _______ V an. Zwischen dem Außenleiter und der Erde (Wasserleitung) herrscht eine Spannung von _______ V.

c) Das Voltmeter wird an den Mittelpunktsleiter und die Wasserleitung angeschlossen. Das Meßinstrument zeigt ________ V an. Zwischen dem Mittelpunktsleiter und der Erde herrscht ____________ Spannung.

Zeichne in die Versuchszeichnungen jeweils den Zeiger des Meßgerätes ein!

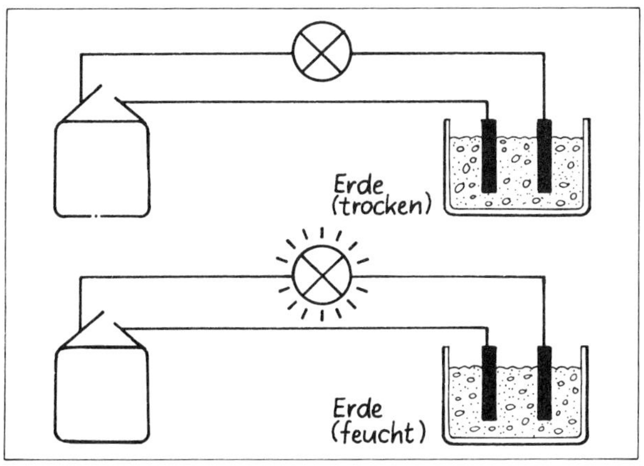

Beschreibe: ____

____

____

____

____

____

____

____

Feuchte Erde _______________ den elektrischen Strom.

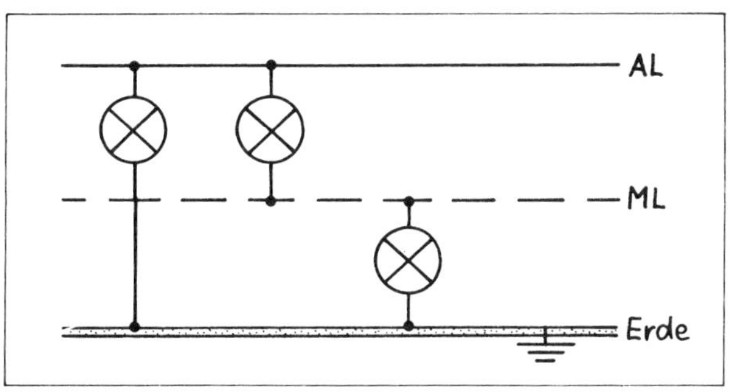

Welches Lämpchen leuchtet?

Eine leitende Verbindung zwischen einem Außenleiter und der Erde bezeichnet man als

_______________________.

Name	Klasse 9	Datum	Physik / Chemie	

Erde als Leiter

Lehrerversuch! (Diesen Versuch darfst du auf **keinen Fall** zu Hause nachmachen!)

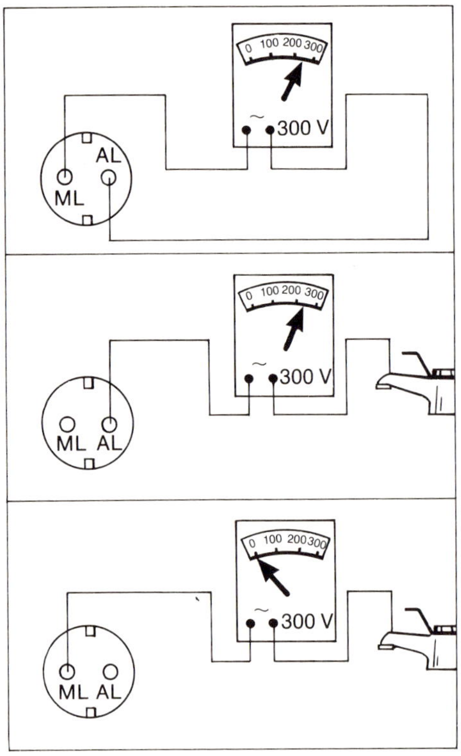

a) Das Voltmeter wird an beide Kontakte der Steckdose angeschlossen. Das Meßinstrument zeigt *220* V an. Zwischen den beiden Polen der Steckdose herrscht eine Spannung von *220* V.

b) Das Voltmeter wird an den Außenleiter und die Wasserleitung angeschlossen. Das Meßinstrument zeigt *220* V an. Zwischen dem Außenleiter und der Erde (Wasserleitung) herrscht eine Spannung von *220* V.

c) Das Voltmeter wird an den Mittelpunktsleiter und die Wasserleitung angeschlossen. Das Meßinstrument zeigt *0* V an. Zwischen dem Mittelpunktsleiter und der Erde herrscht *keine* Spannung.

Zeichne in die Versuchszeichnungen jeweils den Zeiger des Meßgerätes ein!

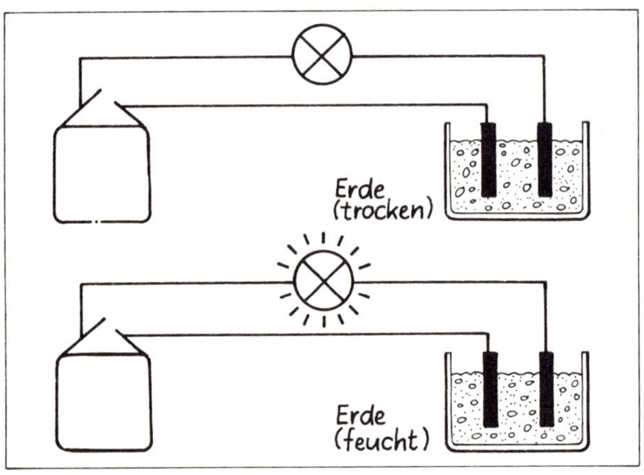

Beschreibe: *Wir stecken in ein mit feuchter Erde gefülltes Gefäß zwei Metallstäbe. Die Metallstäbe verbinden wir über ein Lämpchen mit den Polen einer Batterie. Wir beobachten, daß das Lämpchen leuchtet. Feuchte Erde leitet also den elektrischen Strom.*

Feuchte Erde *leitet* den elektrischen Strom.

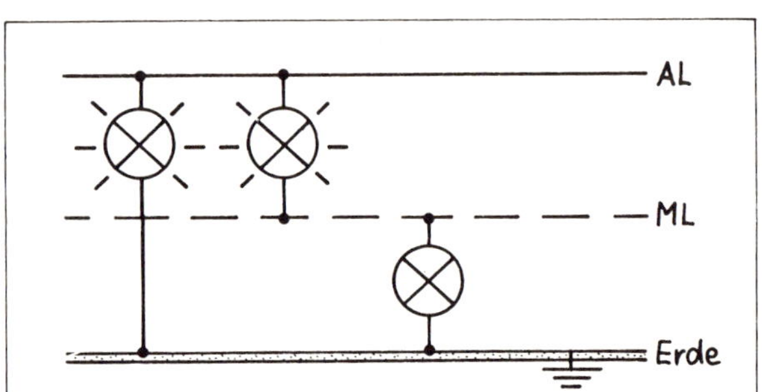

Welches Lämpchen leuchtet?

Eine leitende Verbindung zwischen einem Außenleiter und der Erde bezeichnet man als *Erdschluß*.

Name	Klasse 9	Datum	Physik / Chemie	
______		______		______

Der Schutzleiter I

Zu jedem elektrischen Gerät führen in der Regel 3 Leitungen:

ein ______________ (AL), ein ______________________ (ML), der ______________ (SL).

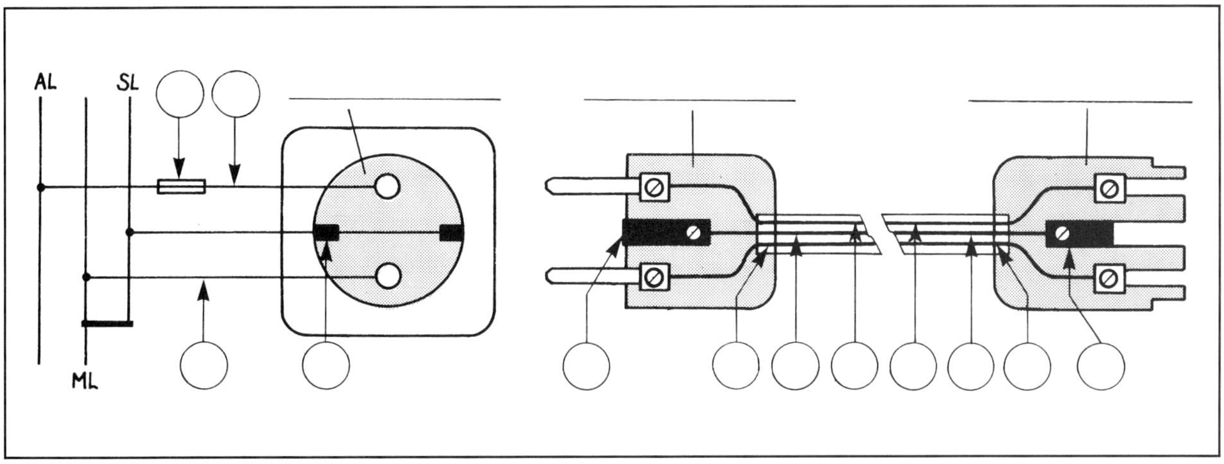

Trage ein!

1 Außenleiter 2 Mittelpunktsleiter 3 Schutzkontakt (Steckdose) 4 Zuleitung (AL)
5 Rückleitung (ML) 6 Sicherung 7 Schutzkontakt (Netzstecker) 8 Schutzleiter
9 Schutzkontakt (Gerätestecker)

Schuko-Anschlüsse haben Schutzkontakte in der ______________, im ______________, im ______________________ und einen ______________________ im Gerätekabel. Der Schutzleiter ist immer mit dem ______________________ verbunden.

Der Weg des Stroms:

a) Anschluß ohne Schutzleiter

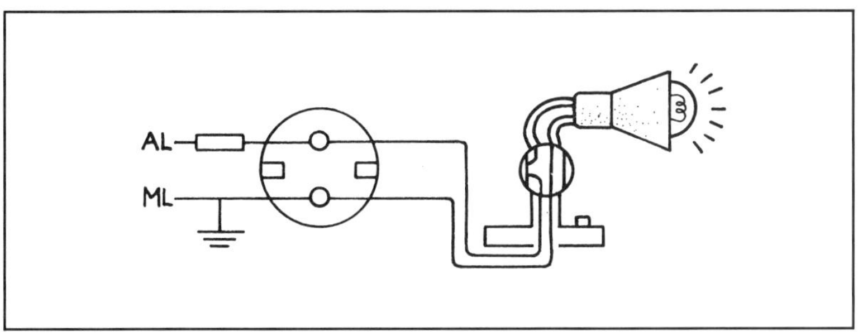

Die Lampe hat einen Gehäuseschluß. An dem Metallfuß der Lampe liegt eine ______________________.

Der Gehäuseschluß ist nicht erkennbar, weil die Lampe ______________. Der Stromrückfluß erfolgt über den ______________________.

Die Lampe wird berührt!

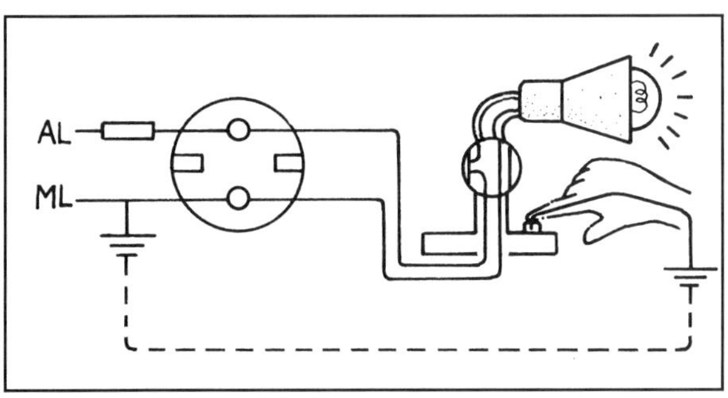

Bei Berührung der Lampe erhält man einen ______________________. Der Stromrückfluß erfolgt über den ______________ zur ________.

Der Stromfluß durch den Körper kann tödlich sein.

Name	Klasse 9	Datum	Physik / Chemie	

Der Schutzleiter I

Zu jedem elektrischen Gerät führen in der Regel 3 Leitungen:

ein *Außenleiter* (AL), ein *Mittelpunktsleiter* (ML), der *Schutzleiter* (SL).

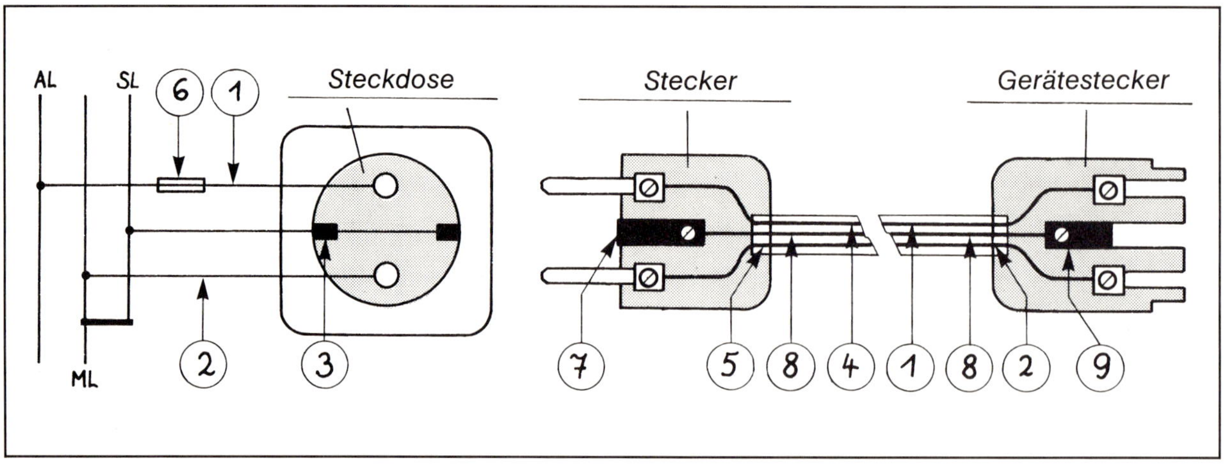

Trage ein!

1 Außenleiter 2 Mittelpunktsleiter 3 Schutzkontakt (Steckdose) 4 Zuleitung (AL)
5 Rückleitung (ML) 6 Sicherung 7 Schutzkontakt (Netzstecker) 8 Schutzleiter
9 Schutzkontakt (Gerätestecker)

Schuko-Anschlüsse haben Schutzkontakte in der *Steckdose*, im *Netzstecker*, im *Gerätestecker* und einen *Schutzleiter* im Gerätekabel. Der Schutzleiter ist immer mit dem *Gerätegehäuse* verbunden.

Der Weg des Stroms:

a) Anschluß ohne Schutzleiter

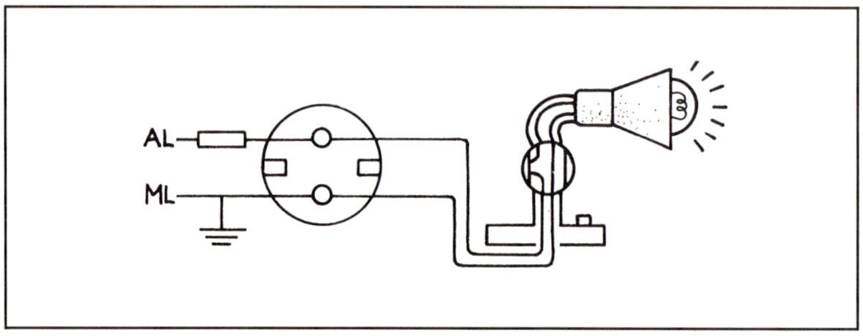

Die Lampe hat einen Gehäuseschluß. An dem Metallfuß der Lampe liegt eine *gefährliche Spannung*. Der Gehäuseschluß ist nicht erkennbar, weil die Lampe *leuchtet*. Der Stromrückfluß erfolgt über den *Mittelpunktsleiter*.

Die Lampe wird berührt!

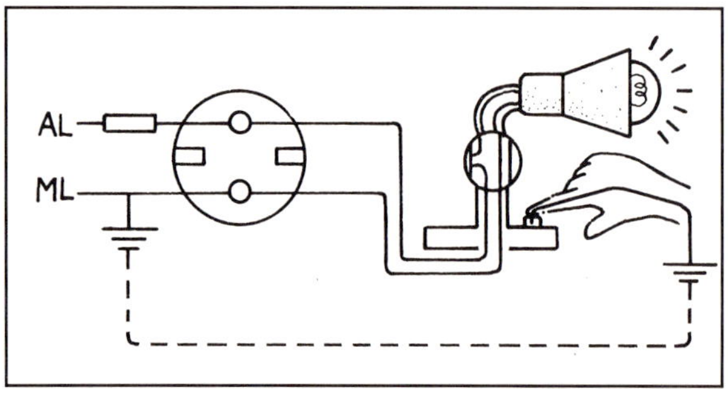

Bei Berührung der Lampe erhält man einen *Stromschlag*. Der Stromrückfluß erfolgt über den *Körper* zur *Erde*.

Der Stromfluß durch den Körper kann tödlich sein.

Name	Klasse 9	Datum	Physik / Chemie	
______		______		______

Der Schutzleiter II

b) Anschluß mit Schutzleiter

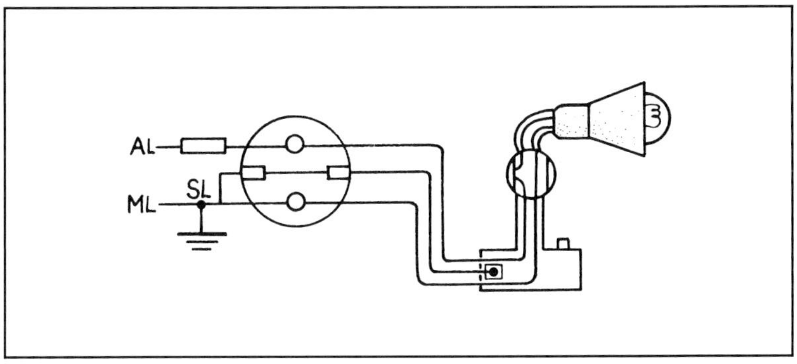

Der Stromrückfluß erfolgt über den ______________. Wird das Gerät angeschlossen, so entsteht ein ________ ____________. Die Sicherung ____________________. Es besteht keine Gefahr mehr.

Schutzkontaktanlagen (Schukoanlagen) schützen vor ______________________________.

Fehlerstromschutzschalter

a) Gerät arbeitet fehlerfrei

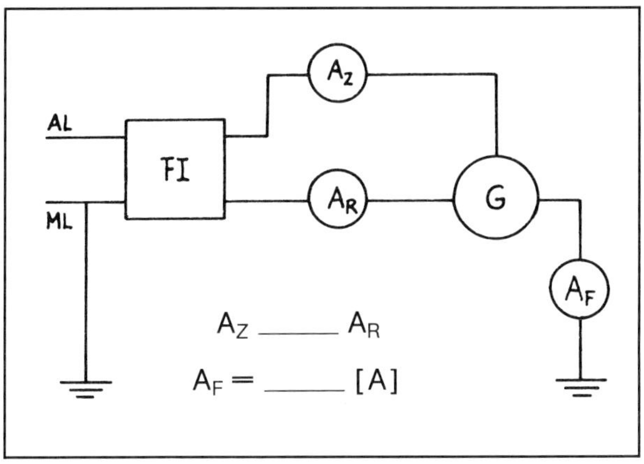

b) Gerät hat Gehäuseschluß

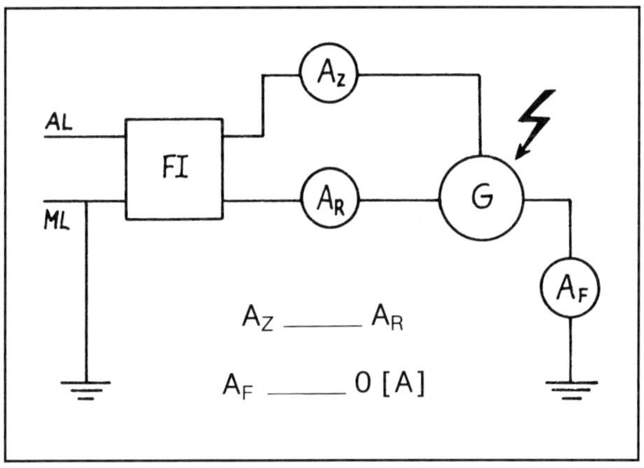

A_Z = ______________________________

A_F = ______________________________

A_R = ______________________________

Zeichne den Stromweg mit kurzen Pfeilen ein!

Der zufließende Strom ist ______________ wie der zurückfließende Strom.

Der zufließende Strom ist ______________ als der zurückfließende Strom.

Der Fehlerstromschutzschalter überwacht in einem Stromnetz den ____________________ und den ____________________ Strom. Sind die beiden Stromstärken nicht gleich, so unterbricht der Fehlerstromschutzschalter (FI) sowohl den ____________________ als auch den ____________________. Fehlerstromschutzschalter können den Stromkreis schon bei sehr kleinen Fehlerströmen (z. B. ________) unterbrechen. Sie bieten damit einen ____________ Schutz als Schukoanlagen, bei denen der Stromkreis durch die ______________ unterbrochen wird.

Name	Klasse 9	Datum	Physik / Chemie	

Der Schutzleiter II

b) Anschluß mit Schutzleiter

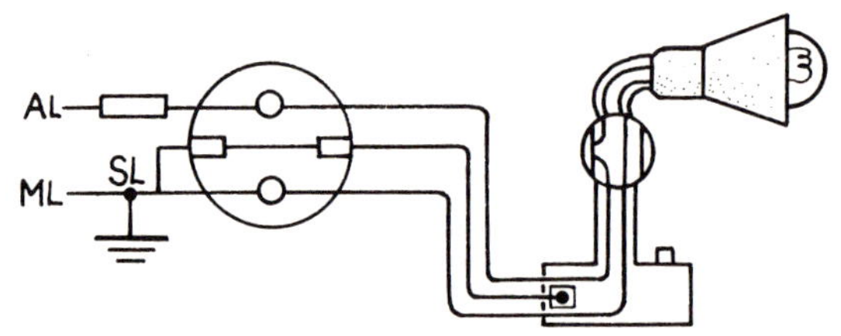

Der Stromrückfluß erfolgt über den *Schutzleiter*. Wird das Gerät angeschlossen, so entsteht ein *Kurzschluß*. Die Sicherung *schmilzt durch*. Es besteht keine Gefahr mehr.

Schutzkontaktanlagen (Schukoanlagen) schützen vor *gefährlichen Spannungen*.

Fehlerstromschutzschalter

a) Gerät arbeitet fehlerfrei

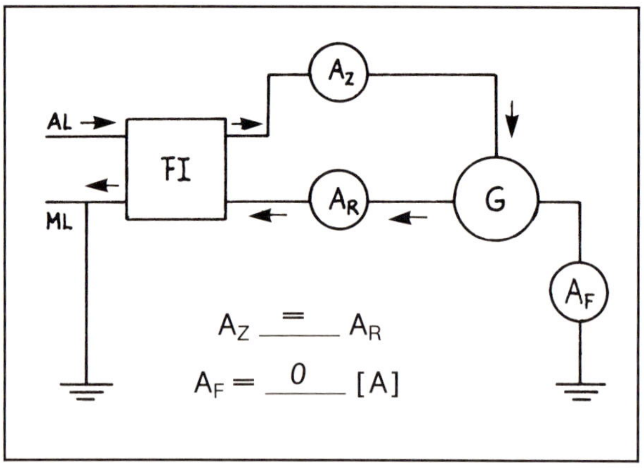

b) Gerät hat Gehäuseschluß

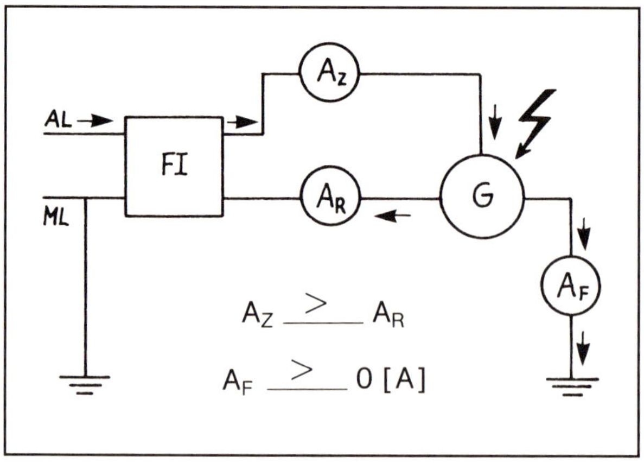

A_Z = *zufließender Strom*

A_R = *zurückfließender Strom*

A_F = *Fehlerstrom*

Zeichne den Stromweg mit kurzen Pfeilen ein!

Der zufließende Strom ist *gleich groß* wie der zurückfließende Strom.

Der zufließende Strom ist *größer* als der zurückfließende Strom.

Der Fehlerstromschutzschalter überwacht in einem Stromnetz den *zufließenden* und den *zurückfließenden* Strom. Sind die beiden Stromstärken nicht gleich, so unterbricht der Fehlerstromschutzschalter (FI) sowohl den *Außenleiter* als auch den *Mittelpunktsleiter*. Fehlerstromschutzschalter können den Stromkreis schon bei sehr kleinen Fehlerströmen (z. B. *3 mA*) unterbrechen. Sie bieten damit einen *schnelleren* Schutz als Schukoanlagen, bei denen der Stromkreis durch die *Sicherung* unterbrochen wird.

Name	Klasse 9	Datum	Physik / Chemie	
____________________		__________		______

V. Radioaktivität

Atomhülle und Atomkern

Die Elemente und auch die Verbindungen bestehen aus extrem ______________________________,

die chemisch ________________ weiter zerlegt werden können: den ________________.

Element: Schwefel

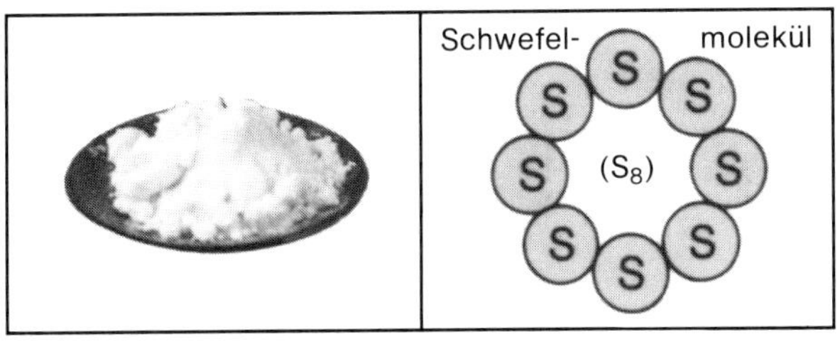

Verbindung: Eisendisulfid

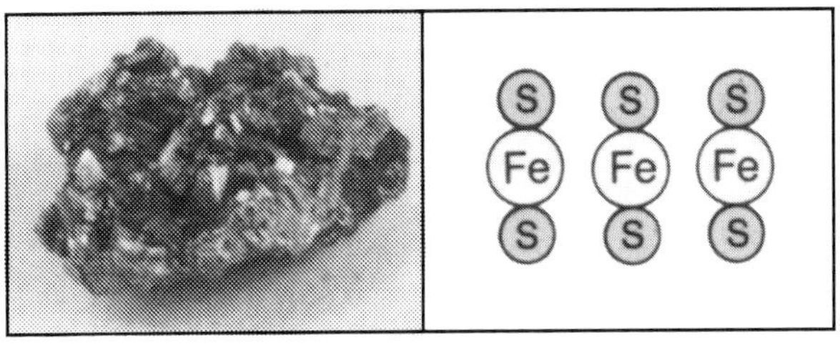

______________________________ ______________________________

Bausteine der Atome

Jedes Atom besteht aus der ________________________ und dem ________________________.

Atomhülle ↓

____

____

Atomkern ↓

____

____

In der Atomhülle kreisen __________________ geladene __________________. Im Atomkern befinden sich ________________________________ und ________________________.

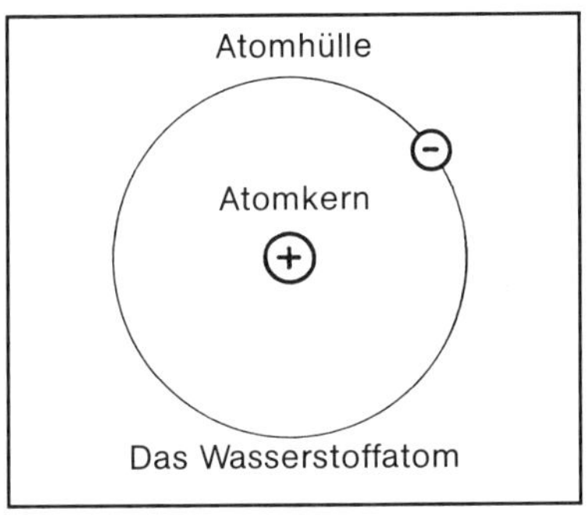

Das Wasserstoffatom

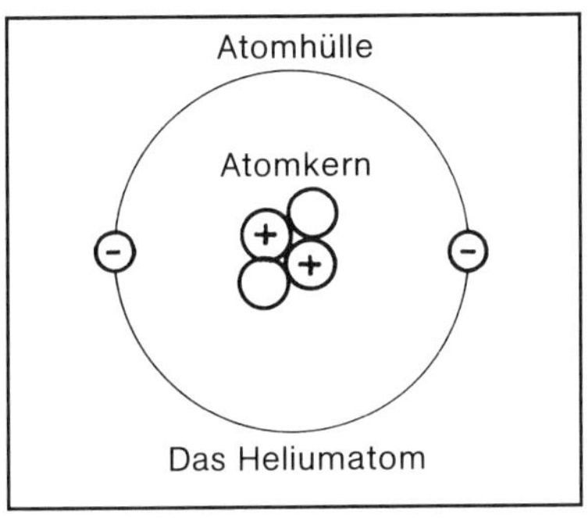

Das Heliumatom

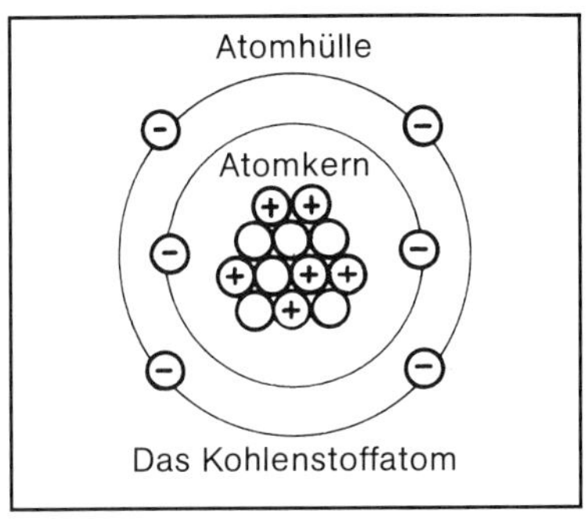

Das Kohlenstoffatom

Kern ____________________ Kern ____________________ Kern ____________________

Hülle ____________________ Hülle ____________________ Hülle ____________________

Die Zahl der ________________ geladenen Protonen des Kerns ist immer ____________ der Zahl der ________________ geladenen Elektronen in der Hülle.

Was paßt zum Proton (p), Neutron (n) und Elektron (e)? Setze ein!
Im Atomkern (______); elektrisch neutral (_____); positive Ladung (_____); in der Hülle (_____); 1837mal schwerer als das Elektron (______); gleiche Masse (______); negative Ladung (_____); kreist um den Kern (_____).

Name	Klasse 9	Datum	Physik / Chemie	

V. Radioaktivität

Atomhülle und Atomkern

Die Elemente und auch die Verbindungen bestehen aus extrem *kleinen Teilchen*, die chemisch *nicht* weiter zerlegt werden können: den *Atomen*.

Element: Schwefel

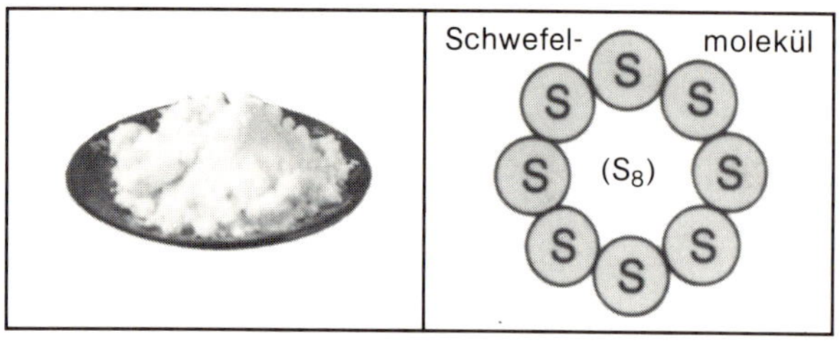

Schwefelatome

Verbindung: Eisendisulfid

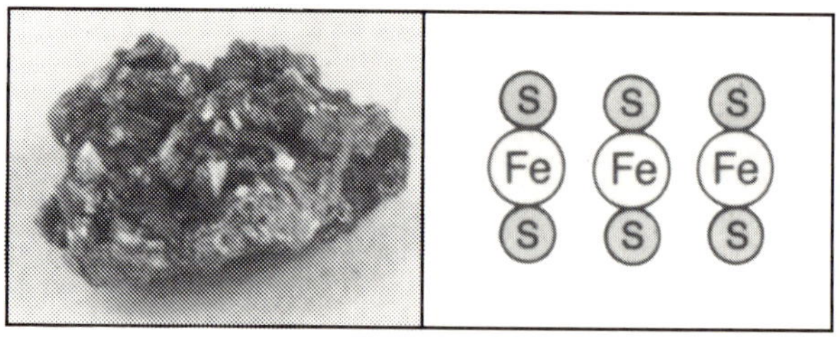

Eisen- und Schwefelatome

Bausteine der Atome

Jedes Atom besteht aus der *Atomhülle* und dem *Atomkern*.

Atomhülle → *Ein oder mehrere negativ geladene Elektronen.*

Atomkern → *Positiv geladene Protonen und ungeladene Neutronen.*

In der Atomhülle kreisen *negativ* geladene *Elektronen*. Im Atomkern befinden sich *positiv geladene Protonen* und *ungeladene Neutronen*.

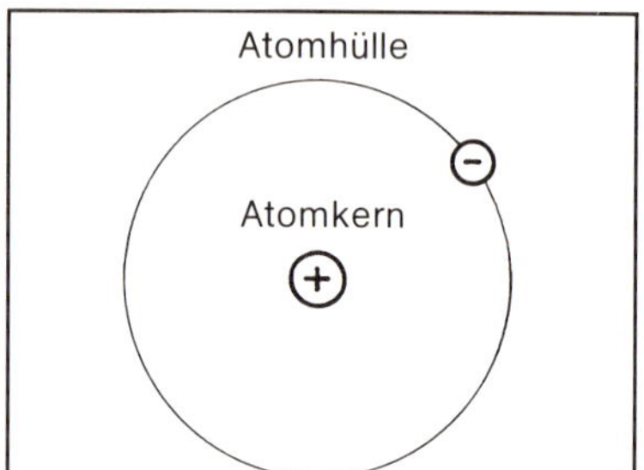

Das Wasserstoffatom

Kern *1 Proton*
Hülle *1 Elektron*

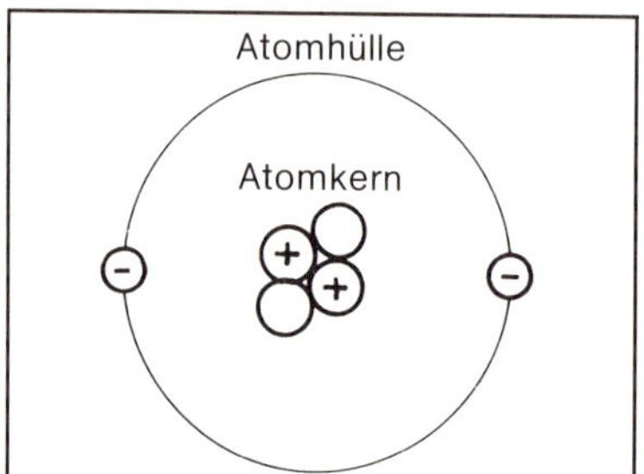

Das Heliumatom

Kern *2 Protonen, 2 Neutronen*
Hülle *2 Elektronen*

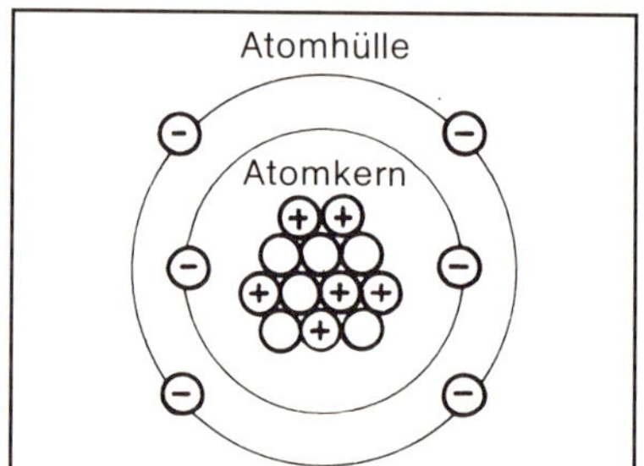

Das Kohlenstoffatom

Kern *6 Protonen, 6 Neutronen*
Hülle *6 Elektronen*

Die Zahl der *positiv* geladenen Protonen des Kerns ist immer *gleich* der Zahl der *negativ* geladenen Elektronen in der Hülle.

Was paßt zum Proton (p), Neutron (n) und Elektron (e)? Setze ein!

Im Atomkern (*p, n*); elektrisch neutral (*n*); positive Ladung (*p*); in der Hülle (*e*); 1837mal schwerer als das Elektron (*p, n*); gleiche Masse (*p, n*); negative Ladung (*e*); kreist um den Kern (*e*).

Name	Klasse 9	Datum	Physik / Chemie	
________________		________		______

Das Atommodell

Der Begriff „Atom" geht auf den Griechen Demokrit zurück: „atomos" (griechisch) = „____________ ______". Die Menschen entwickelten verschiedene ______________________________.

Das Atommodell nach Rutherford

Ernest Rutherford (1871 – 1937)

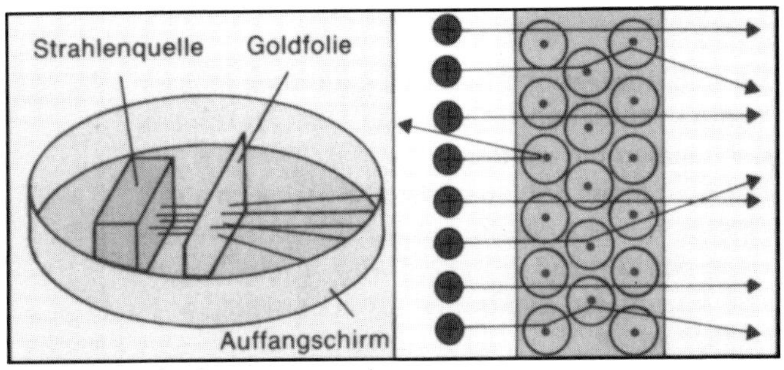

Rutherfords Streuversuch

Goldfolie

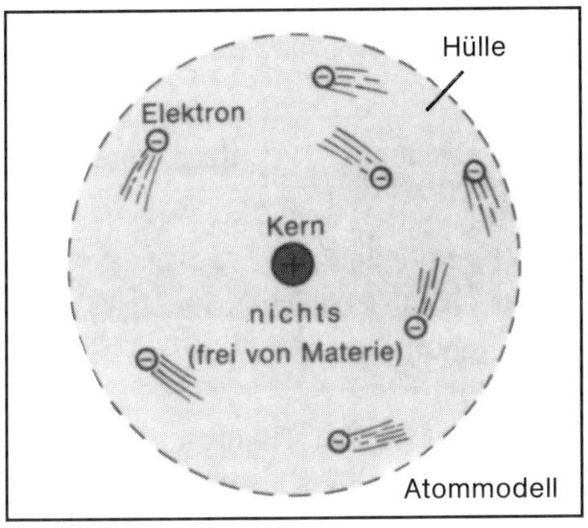

____

____

____

____

____

____

____

____

Das Atommodell nach Bohr

Nils Bohr (1885 – 1962)

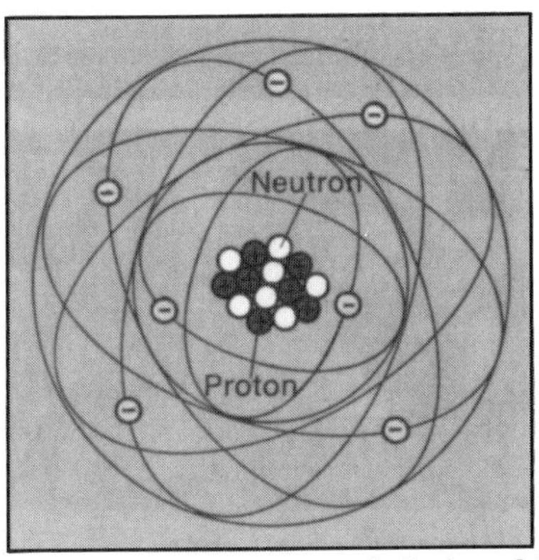

Bohrsches Atommodell des Stickstoffs

____

____

____

____

____

____

____

Größe von Atomen

Um eine Strecke von 1 mm Länge zu erhalten, müßte man ca. ________________ Atome aneinanderreihen. Der Durchmesser des Atoms ist etwa 10 000mal größer als der Durchmesser des ______________________________.

Der Atomkern ist ______________________________.
Die Atomhülle ist ______________________________.

Name	Klasse	Datum	Physik / Chemie	
	9			

Das Atommodell

Der Begriff „Atom" geht auf den Griechen Demokrit zurück: „atomos"(griechisch) = „*unteil-bar*". Die Menschen entwickelten verschiedene *Atommodelle*.

Das Atommodell nach Rutherford

Ernest Rutherford (1871 – 1937)

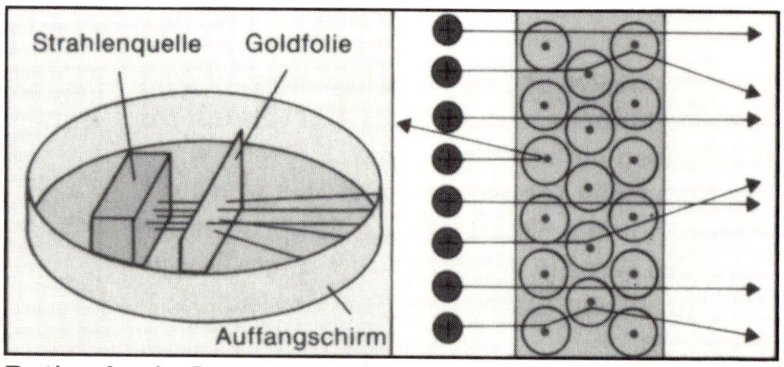

Rutherfords Streuversuch

Goldfolie

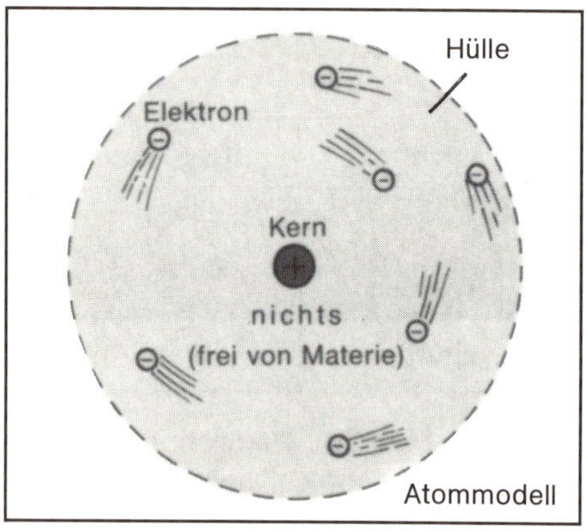

Positive Teilchen trafen auf eine dünne Goldfolie. Die meisten Teilchen wurden nicht abgelenkt. Nur sehr wenige wurden reflektiert. Das Atom ist keine kompakte Kugel. Es besteht aus einem positiv geladenen Kern. Um ihn kreisen die negativ geladenen Elektronen in großer Entfernung.

Das Atommodell nach Bohr

Nils Bohr (1885 – 1962)

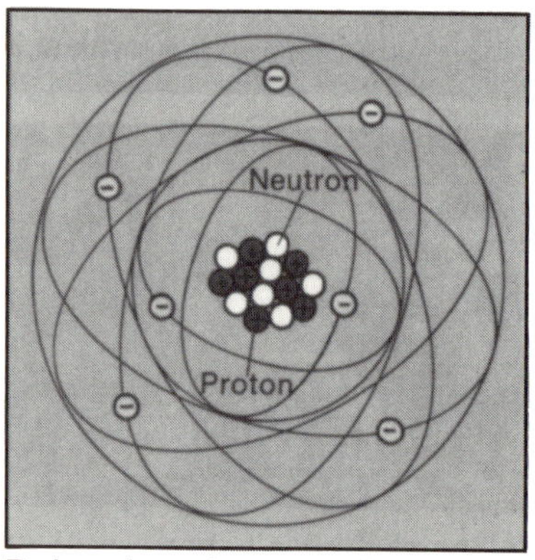

Bohrsches Atommodell des Stickstoffs

Im Kern: Protonen und Neutronen. Die Neutronen gleichen die Abstoßungskräfte der Protonen aus. Elektronen umkreisen den Kern auf bestimmten Bahnen.

Größe von Atomen

Um eine Strecke von 1 mm Länge zu erhalten, müßte man ca. *4 000 000* Atome aneinanderreihen. Der Durchmesser des Atoms ist etwa 10 000mal größer als der Durchmesser des *Atomkerns*.

Der Atomkern ist *winzig klein, aber ungeheuer schwer*.
Die Atomhülle ist *relativ groß, aber sehr leicht*.

Name	Klasse 9	Datum	Physik / Chemie	
______________		______		______

Verschiedene Atomkerne

________________________ ________________________

Die Atome verschiedener Elemente ____________________ sich voneinander. Verschiedene Elemente besitzen auch ____________________ Atomkerne. Jedes Atom des gleichen Elements besteht aus der ____________________ Art von Atomkernen.

Bezeichnung für Atomkerne

Der Kern eines jeden Goldatoms besteht aus _____ Protonen und 118 ______________.

Der Aufbau des Atomkerns von Gold (Au) kann auch in Symbolschreibweise veranschaulicht werden:

Goldatomkern

197 → ______________________

Au → ______________________

79 → ______________________

Die Anzahl der Protonen steht ____________________ vor dem Elementsymbol. Links ____________ vor das Elementsymbol schreibt man die ____________________. Die Massenzahl stellt die Summe der ______________ und ______________ des Kerns dar. Da die Zahl der Protonen ______________ der Zahl der Elektronen in der Hülle ist, gibt die Protonenzahl auch die Anzahl der ____________________ an. Die Zahl der Protonen im Kern muß ______________ mit der Zahl der Neutronen übereinstimmen.

Erkläre den Aufbau der folgenden Atomkerne!

$^{24}_{12}Mg$: ____

$^{56}_{26}Fe$: ____

$^{207}_{82}Pb$: ____

$^{238}_{92}U$: ____

Name	Klasse 9	Datum	Physik / Chemie	

Verschiedene Atomkerne

Alchemistisches Labor

Das Element Gold

Die Atome verschiedener Elemente *unterscheiden* sich voneinander. Verschiedene Elemente besitzen auch *verschiedene* Atomkerne. Jedes Atom des gleichen Elements besteht aus der *gleichen* Art von Atomkernen.

Bezeichnung für Atomkerne

Der Kern eines jeden Goldatoms besteht aus *79* Protonen und 118 *Neutronen*.

Der Aufbau des Atomkerns von Gold (Au) kann auch in Symbolschreibweise veranschaulicht werden:

Goldatomkern

197 → *Massenzahl = Protonenzahl plus Neutronenzahl*

Au → *Elementsymbol*

79 → *Protonenzahl = Ordnungszahl oder Kernladungszahl*

Die Anzahl der Protonen steht *links unten* vor dem Elementsymbol. Links *oben* vor das Elementsymbol schreibt man die *Massenzahl*. Die Massenzahl stellt die Summe der *Protonen* und *Neutronen* des Kerns dar. Da die Zahl der Protonen *gleich* der Zahl der Elektronen in der Hülle ist, gibt die Protonenzahl auch die Anzahl der *Elektronen* an. Die Zahl der Protonen im Kern muß *nicht* mit der Zahl der Neutronen übereinstimmen.

Erkläre den Aufbau der folgenden Atomkerne!

$^{24}_{12}Mg$: *Kern des Magnesiumatoms: 12 Protonen, 12 Neutronen*

$^{56}_{26}Fe$: *Kern des Eisenatoms: 26 Protonen, 30 Neutronen*

$^{207}_{82}Pb$: *Kern des Bleiatoms: 82 Protonen, 125 Neutronen*

$^{238}_{92}U$: *Kern des Uranatoms: 92 Protonen, 146 Neutronen*

Name	Klasse 9	Datum	Physik / Chemie	
______		______		______

Radioaktive Strahlung

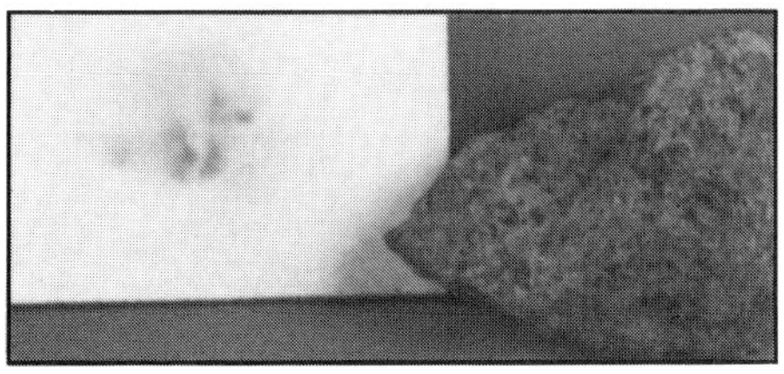

Berichte kurz über Becquerels Entdeckung!

______

______

______

______

Die unbekannte Strahlung, die aus dem ______ stammte, erhielt den Namen ______ Strahlung. Diese Erscheinung nennt man ______.

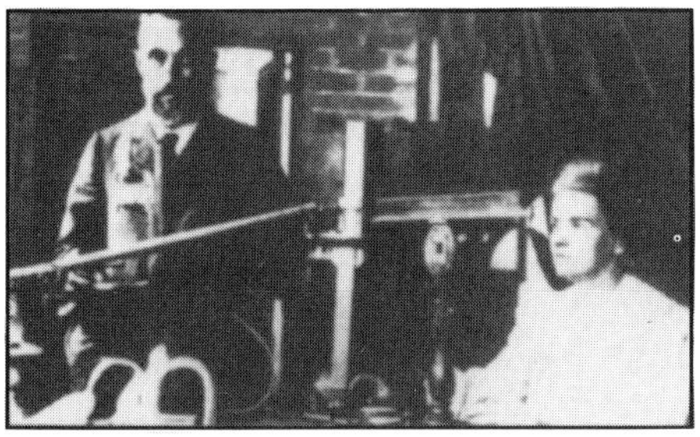

Marie und Pierre Curie kamen zu dem Ergebnis, daß die Strahlung aus den ______ der ______ kommen müsse. Sie entdeckten noch zwei weitere radioaktive Elemente:

______

radioaktiv

Radioaktive Strahlen können mit einem ______ nachgewiesen werden. Im Zählrohr werden elektrische Ladungen ausgelöst, die über einen ______ hörbar gemacht werden.

Schickt man radioaktive Strahlen durch ein elektrisches Feld, so läßt sich folgendes beobachten:

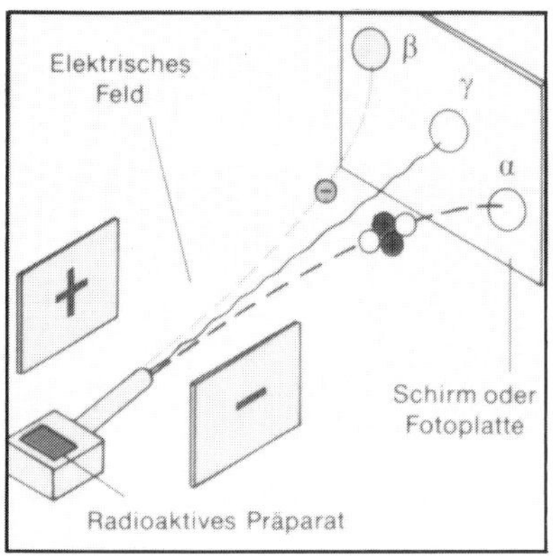

Die Strahlen werden unterschiedlich ______.

Ablenkung zum − Pol: ______

______

Ablenkung zum + Pol: ______

______

Keine Ablenkung: ______

______

> Radioaktive Strahlung setzt sich aus ______ (= ______), ______ (= ______) und ______ zusammen.

Ordne der Strahlungsart zu und beschrifte!

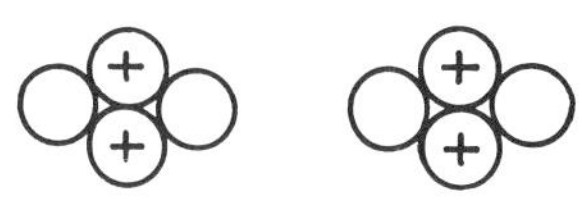

Name:	______	______	______
Art:	______	______	______
Ladung:	______	______	______

Name	Klasse 9	Datum	Physik / Chemie	

Radioaktive Strahlung

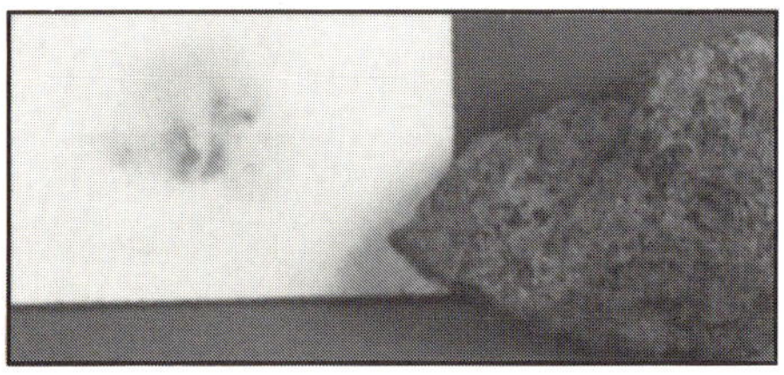

Berichte kurz über Becquerels Entdeckung!

Ohne daß Licht dazu kam, wurde eine Fotoplatte belichtet, so daß die Umrisse eines Urangesteinsbrockens sichtbar wurden.

Die unbekannte Strahlung, die aus dem *Uran(salz)* stammte, erhielt den Namen *radioaktive* Strahlung. Diese Erscheinung nennt man *Radioaktivität*.

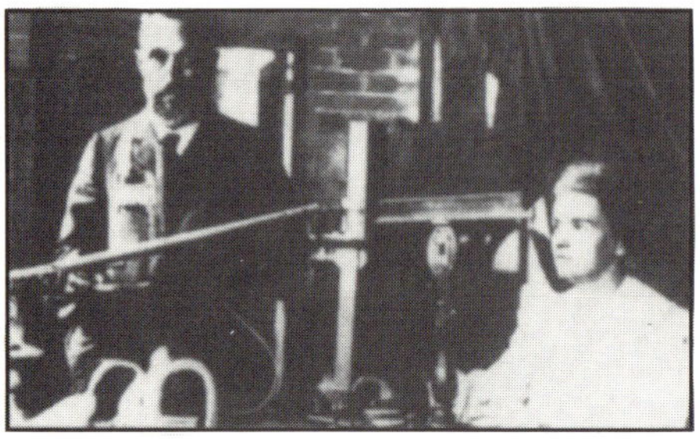

Marie und Pierre Curie kamen zu dem Ergebnis, daß die Strahlung aus den *Kernen* der *Uranatome* kommen müsse. Sie entdeckten noch zwei weitere radioaktive Elemente: *Polonium (Po), Radium (Ra)*

Radioaktive Strahlen können mit einem *Geigerzähler* nachgewiesen werden. Im Zählrohr werden elektrische Ladungen ausgelöst, die über einen *Lautsprecher* hörbar gemacht werden.

radioaktiv

Schickt man radioaktive Strahlen durch ein elektrisches Feld, so läßt sich folgendes beobachten:

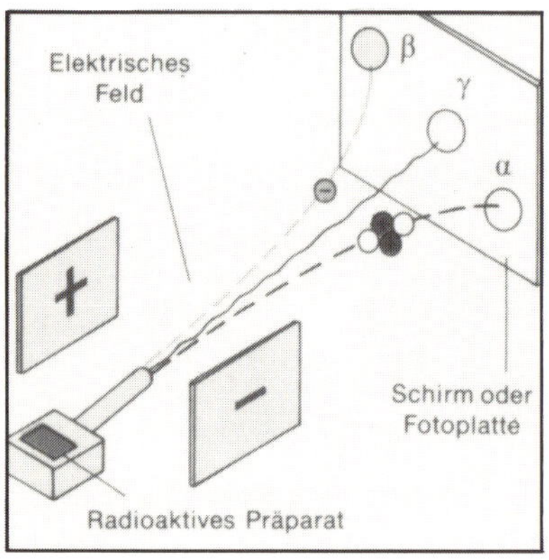

Die Strahlen werden unterschiedlich *abgelenkt*.

Ablenkung zum − Pol: *Alpha (α)-strahlung, positiv geladene Heliumkerne* $^{4}_{2}He^{++}$

Ablenkung zum + Pol: *Beta (β)-strahlung, negative Ladung, Elektronen*

Keine Ablenkung: *Gamma (γ)-strahlung, keine Ladung, lichtähnliche Wellen*

Radioaktive Strahlung setzt sich aus *α-Strahlen* (= *Heliumkerne*), *β-Strahlen* (= *Elektronen*) und *γ-Strahlen* zusammen.

Ordne der Strahlungsart zu und beschrifte!

			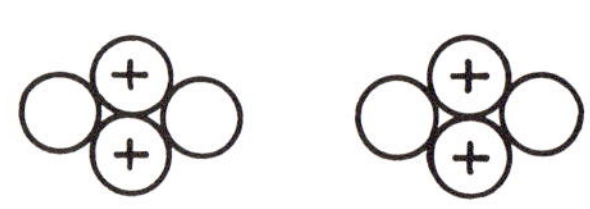
Name:	*β-Strahlen*	*γ-Strahlen*	*α-Strahlen*
Art:	*Elektronen*	*lichtähnliche Wellen*	*Heliumkerne*
Ladung:	*negativ*	*keine*	*positiv*

Name	Klasse 9	Datum	Physik / Chemie	

Nutzen und Schaden radioaktiver Strahlung

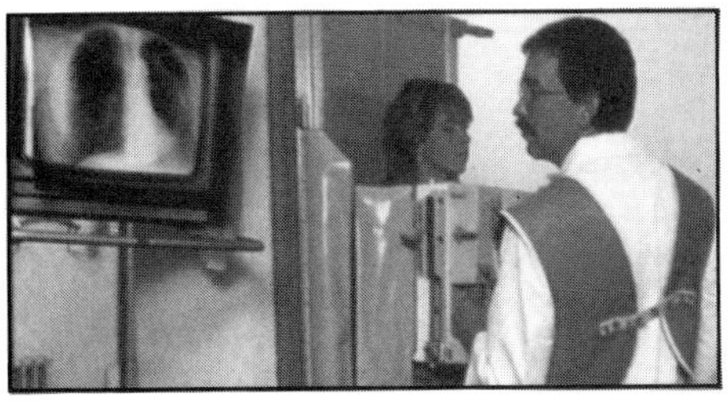

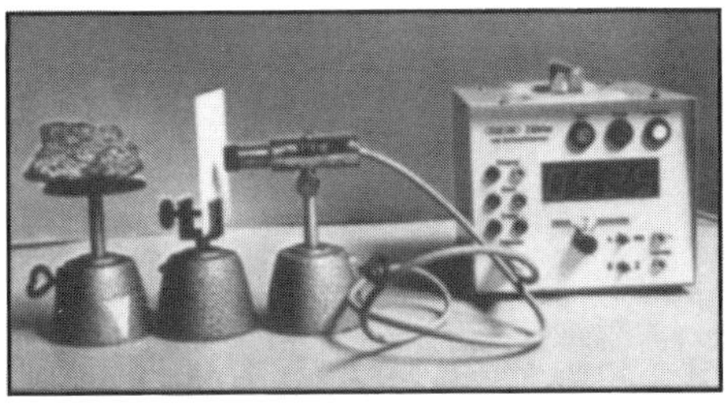

Röntgenstrahlen ______________________ den menschlichen Körper.

Radioaktive Strahlen ______________________ verschiedene Stoffe.

Ähnlich wie ______________________ verhalten sich ______________________ Strahlen.

Welche Stoffe durchdringen radioaktive Strahlen? Zeichne ein!

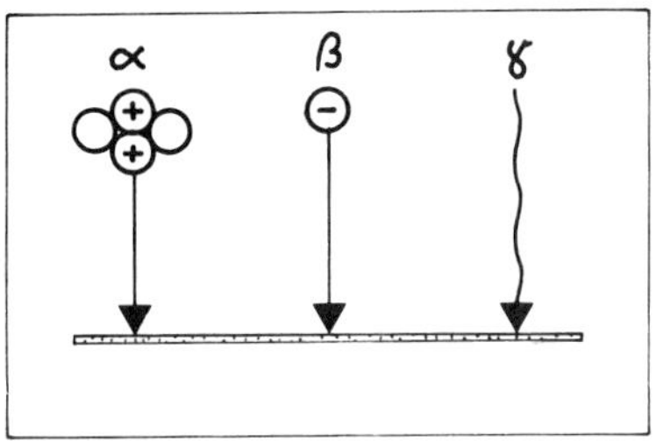

Papier, Kleiderstoff, Holz

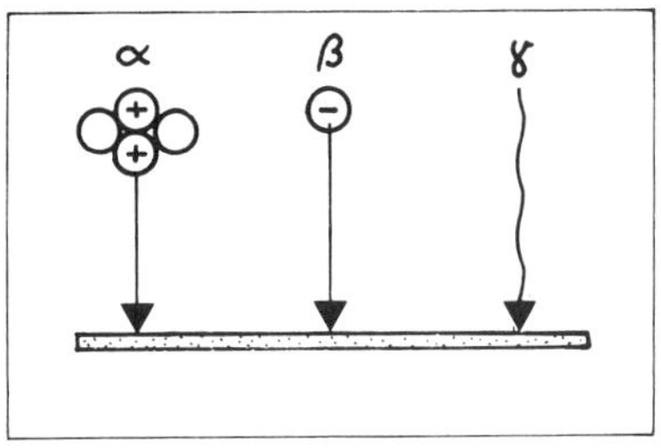

Metallplatten

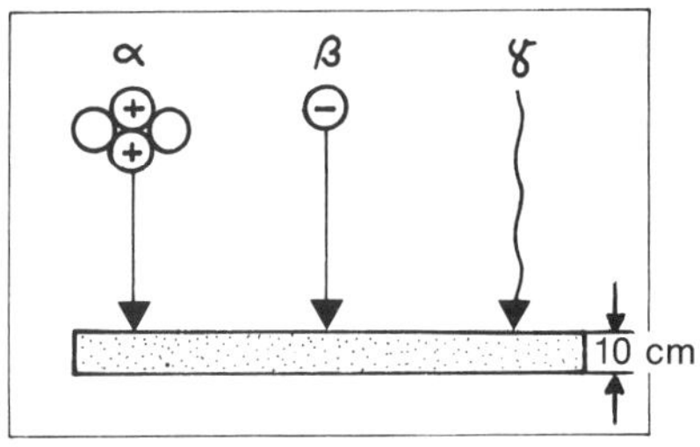

dicke Bleiwände

Die γ-Strahlen durchdringen auch ______________________. Erst sehr dicke Wände aus ______________ schützen ausreichend vor den gefährlichen γ-Strahlen.

Berichte kurz in Stichpunkten zu den Bildern!

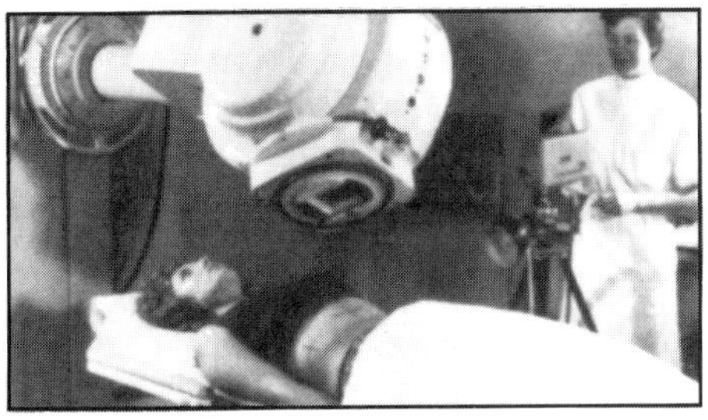

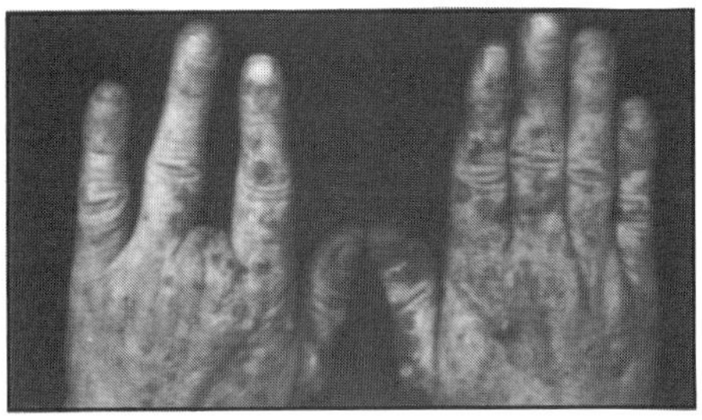

Name	Klasse 9	Datum	Physik / Chemie	

Nutzen und Schaden radioaktiver Strahlung

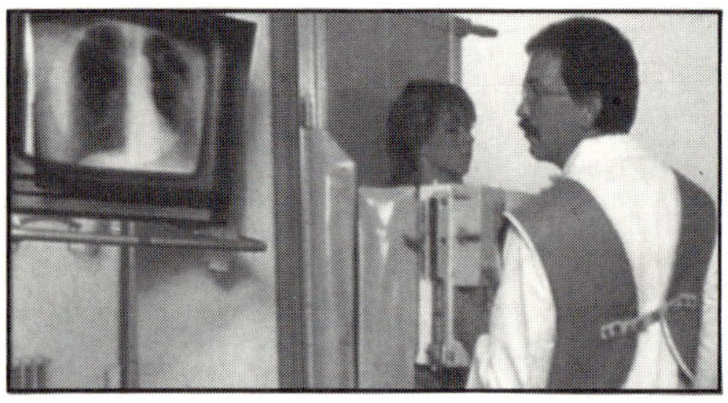

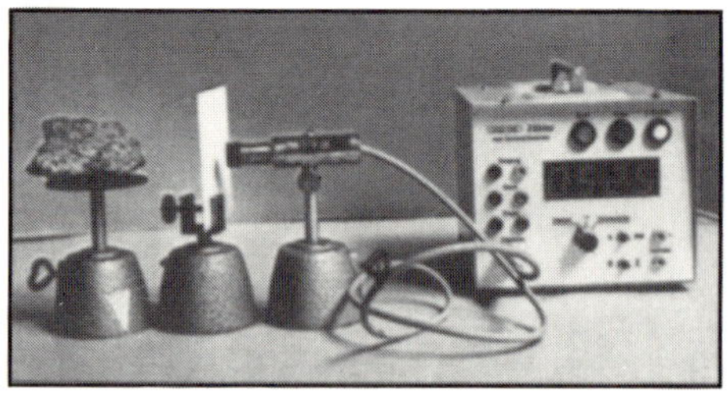

Röntgenstrahlen *durchdringen* den menschlichen Körper.

Radioaktive Strahlen *durchdringen* verschiedene Stoffe.

Ähnlich wie *Röntgenstrahlen* verhalten sich *radioaktive* Strahlen.

Welche Stoffe durchdringen radioaktive Strahlen? Zeichne ein!

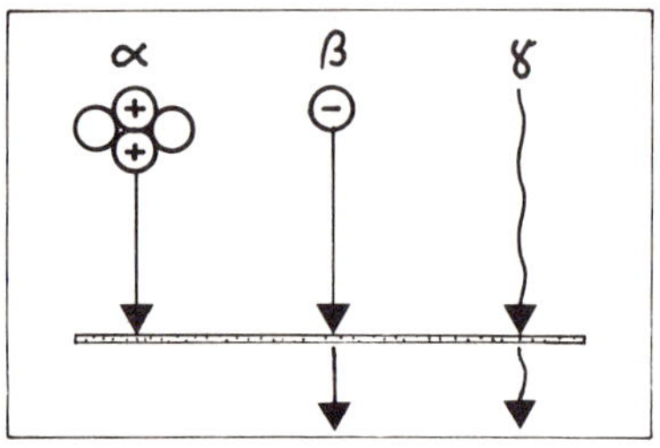

Papier, Kleiderstoff, Holz

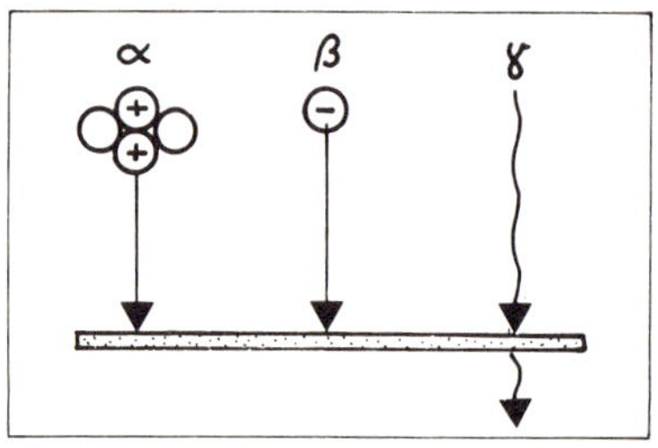

Metallplatten

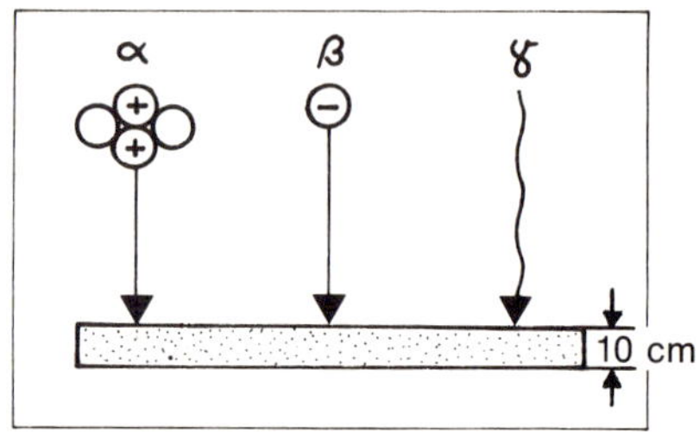

dicke Bleiwände

Die γ-Strahlen durchdringen auch *Metall*. Erst sehr dicke Wände aus *Blei* schützen ausreichend vor den gefährlichen γ-Strahlen.

Berichte kurz in Stichpunkten zu den Bildern!

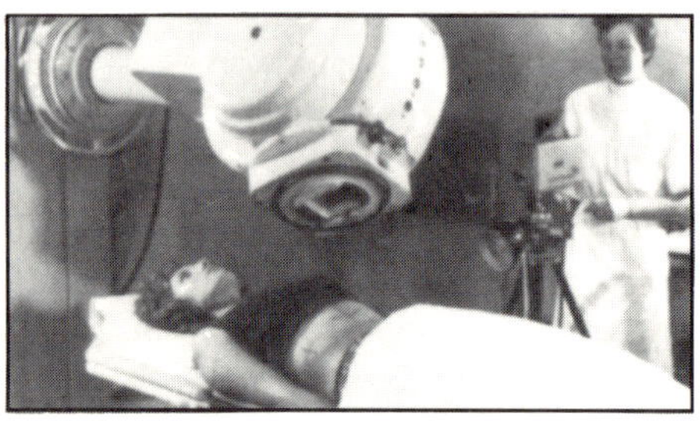

Krankhafte Zellen oder Krebswucherungen werden bekämpft und zerstört. Strahlenbilder von Organen (Leber, Schilddrüse) zeigen krankhafte Veränderungen an. Erforschung des Stoffwechselprozesses von Pflanzen.

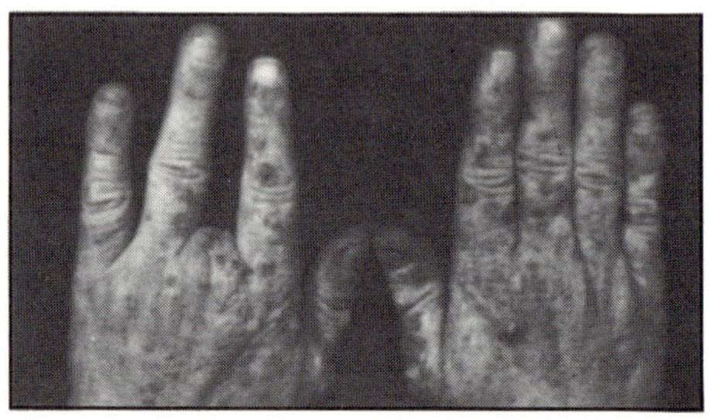

Körperzellen werden verändert oder geschädigt (zerstört). Es kommt zu Strahlenkrankheiten. Verdauungs- und Stoffwechselstörungen, Schädigung des Knochenmarks (Krebs), Schädigung der Keimzellen (Mißbildungen, Mutationen).

Name	Klasse 9	Datum	Physik / Chemie	
______		______		______

Zerfallszeit radioaktiver Stoffe

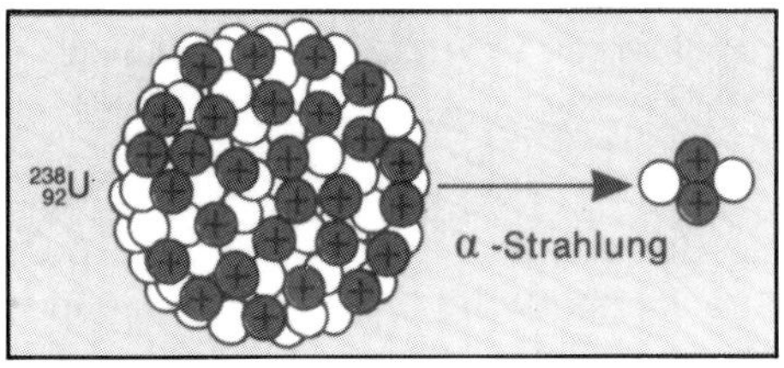

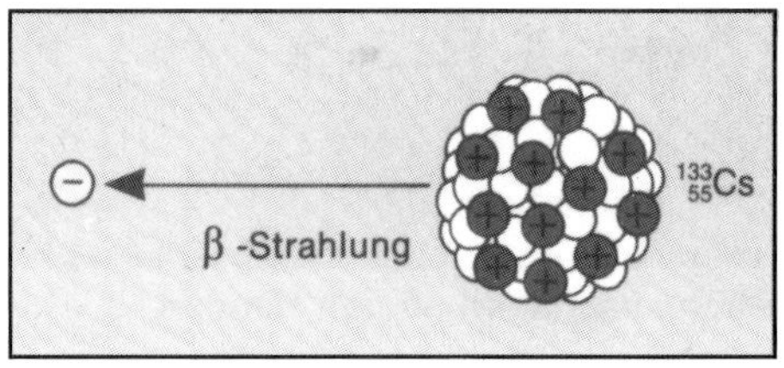

Uran 238 sendet ______________________ aus. Cäsium 133 ist ein ______________________. Weil radioaktive Stoffe bestimmte ________________ ausstrahlen, ändert sich die ____________________ ____________ ihrer Atomkerne. Man sagt: Radioaktive Atome ________________.

Die Halbwertszeit

Radioaktive Atome zerfallen in charakteristischen ____________________________. Nach einer bestimmten Zerfallszeit ist nur noch die ________________ der ursprünglich vorhandenen Teilchen da. Diese feste Zeitspanne eines strahlenden Elements wird ___________________________ genannt.

Radium $^{226}_{88}Ra$ hat eine Halbwertszeit von 1580 Jahren:

Die ______________ der ursprünglich vorhandenen Teilchen

Ein ______________ der ursprünglich vorhandenen Teilchen

Ein ______________ der ursprünglich vorhandenen Teilchen

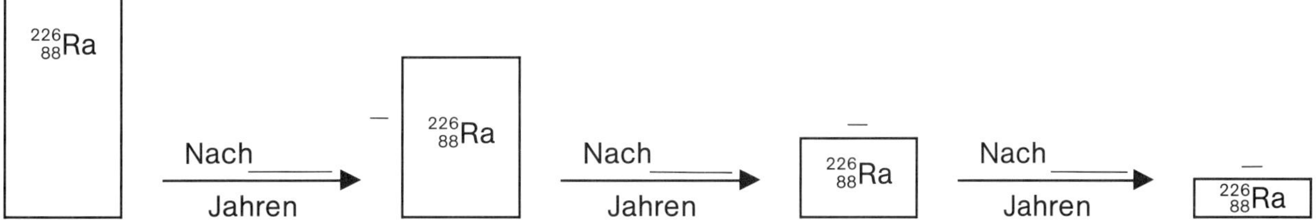

Die Zerfallskurve

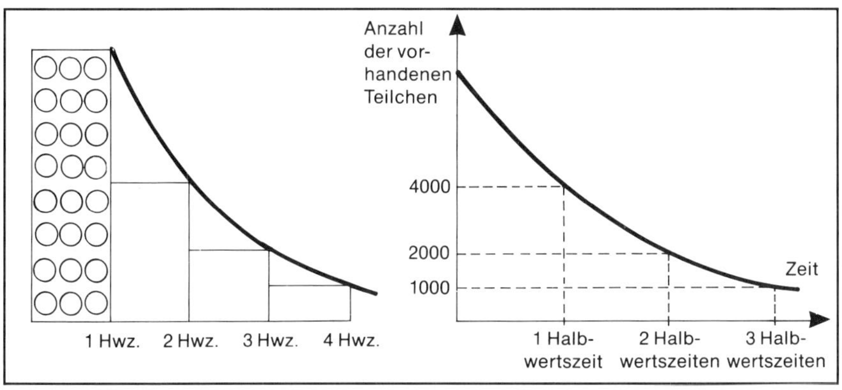

Ordnet man die beiden Größen ____________ und ____________ eines strahlenden Stoffes in einem Diagramm an, so entsteht eine typische Kurve: die ______________________.

Sobald ein radioaktiver Kern 1 Alphateilchen aussendet, vermindert sich seine Massenzahl um ____ und die Zahl der Protonen um ____. Folglich bildet sich der Kern eines ______________ Elements.

Radium $^{226}_{88}Ra$ ⟶ Radon $^{\_\_\_}_{\_\_\_}Rn$

↘ $^{\_\_\_}_{\_\_\_}He$

Der radioaktive Zerfall geht so lange weiter, bis schließlich das Element ____________ entsteht.

Name	Klasse 9	Datum	Physik / Chemie	
______		______		______

Zerfallszeit radioaktiver Stoffe

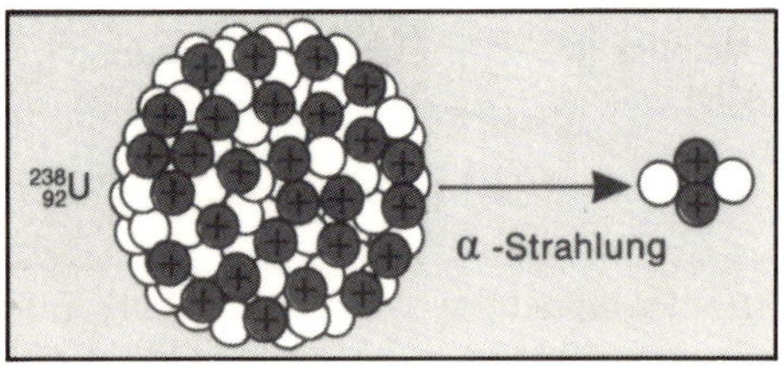

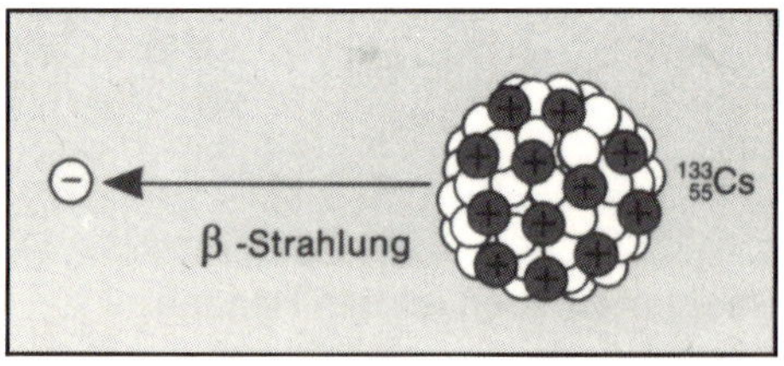

Uran 238 sendet *α-Teilchen* aus. Cäsium 133 ist ein *β-Strahler*. Weil radioaktive Stoffe bestimmte *Teilchen* ausstrahlen, ändert sich die *Zusammensetzung* ihrer Atomkerne. Man sagt: Radioaktive Atome *zerfallen*.

Die Halbwertszeit

Radioaktive Atome zerfallen in charakteristischen *Zeitspannen*. Nach einer bestimmten Zerfallszeit ist nur noch die *Hälfte* der ursprünglich vorhandenen Teilchen da. Diese feste Zeitspanne eines strahlenden Elements wird *Halbwertszeit* genannt.

Radium $^{226}_{88}Ra$ hat eine Halbwertszeit von 1580 Jahren:

Die *Hälfte* der ursprünglich vorhandenen Teilchen | Ein *Viertel* der ursprünglich vorhandenen Teilchen | Ein *Achtel* der ursprünglich vorhandenen Teilchen

$^{226}_{88}Ra$ → Nach *1580* Jahren → *1/2* $^{226}_{88}Ra$ → Nach *1580* Jahren → *1/4* $^{226}_{88}Ra$ → Nach *1580* Jahren → *1/8* $^{226}_{88}Ra$

Die Zerfallskurve

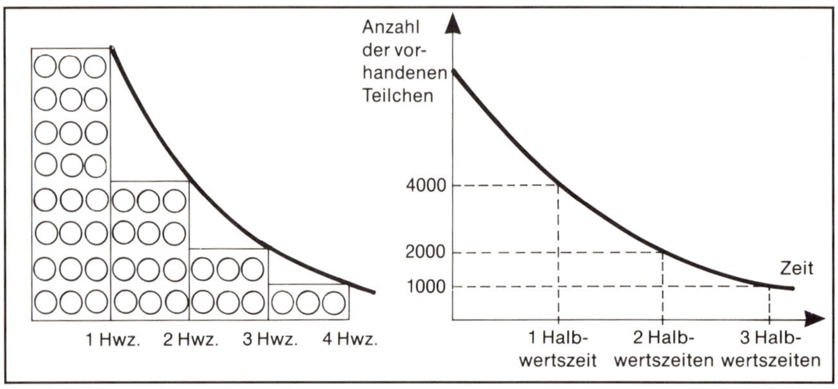

Ordnet man die beiden Größen *Masse* und *Zeit* eines strahlenden Stoffes in einem Diagramm an, so entsteht eine typische Kurve: die *Zerfallskurve*.

Sobald ein radioaktiver Kern 1 Alphateilchen aussendet, vermindert sich seine Massenzahl um *4* und die Zahl der Protonen um *2*. Folglich bildet sich der Kern eines *neuen* Elements.

Radium $^{226}_{88}Ra$ → Radon $^{\mathit{222}}_{\mathit{86}}Rn$
↘ $^{\mathit{4}}_{\mathit{2}}He$

Der radioaktive Zerfall geht so lange weiter, bis schließlich das Element *Blei* entsteht.

Name	Klasse 9	Datum	Physik / Chemie	
____________		____________		________

Kernspaltung

Künstliche Atomumwandlung

Im Jahre 1919 beschoß Rutherford ____________________ ($^{14}_{7}N$) mit ____________________ ($^{4}_{2}He$). In einer ____________________ wurden die Bahnen der α-Teilchen sichtbar gemacht.

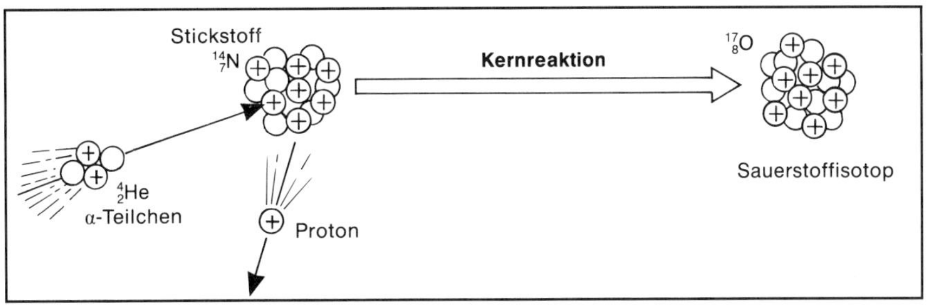

____________________. Kernreaktion: ____________________

Es entsteht der Kern eines ____________________ Elements: das ____________________.

Entdeckung der Kernspaltung

◀
____
____
____
____
____

▲
____
____

Die deutschen Wissenschaftler Hahn, Straßmann und Meitner beschossen im Jahre 1938 die Kerne des ____________________ ($^{235}_{92}U$) mit ____________________.

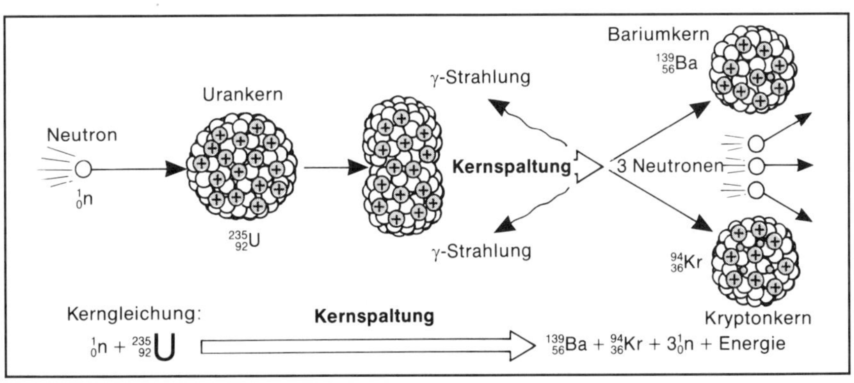

Bei der Spaltung des Uranatomkerns ($^{235}_{92}U$) entstehen zwei ____________, ____________ Atomkerne: ____________ ($^{139}_{56}Ba$) und ____________ ($^{94}_{36}Kr$). In diesem Fall werden noch ____________________ frei. Diese können weitere ____________________ auslösen. Es kommt zu einer ____________________.

Name	Klasse 9	Datum	Physik / Chemie	

Kernspaltung

Künstliche Atomumwandlung

Im Jahre 1919 beschoß Rutherford *Stickstoffkerne* ($^{14}_{7}N$) mit *α-Teilchen* ($^{4}_{2}He$). In einer *Nebelkammer* wurden die Bahnen der α-Teilchen sichtbar gemacht.

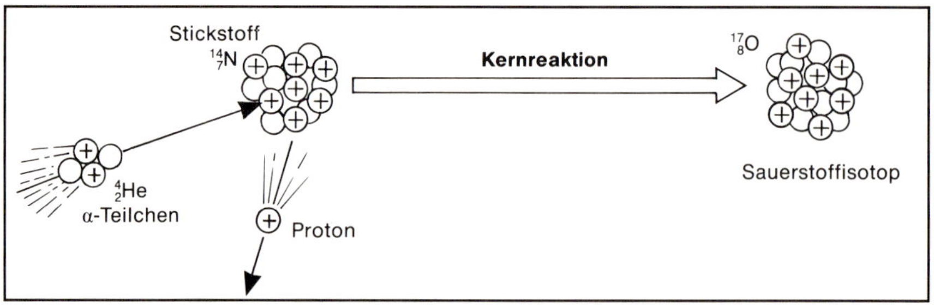

Die Teilchenbahn gabelt sich. Kernreaktion: $^{14}_{7}N + ^{4}_{2}He \longrightarrow ^{17}_{8}O + ^{1}_{1}p$

Es entsteht der Kern eines *neuen* Elements: das *Sauerstoffisotop*.

Entdeckung der Kernspaltung

◄ *Starke Kernkräfte (ähnlich wie Magnetkräfte) halten die Protonen des Kerns zusammen.*

Ein Teilchen trifft auf einen Urankern. Dieser spaltet sich. Weitere Teilchen werden frei. ▲

Die deutschen Wissenschaftler Hahn, Straßmann und Meitner beschossen im Jahre 1938 die Kerne des *Uranisotops* ($^{235}_{92}U$) mit *Neutronen*.

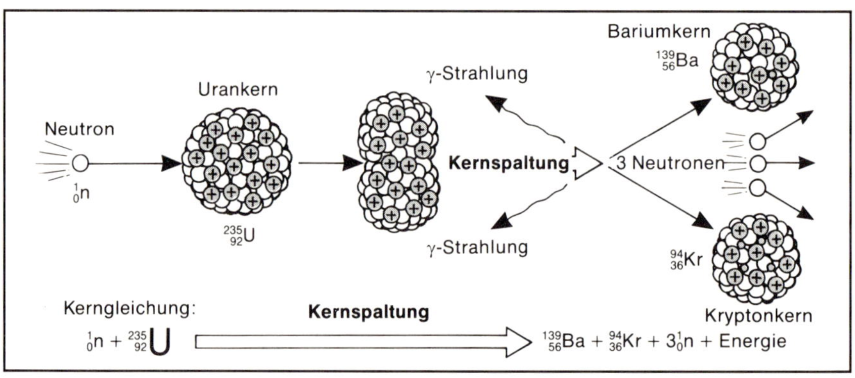

Bei der Spaltung des Uranatomkerns ($^{235}_{92}U$) entstehen zwei *neue*, *kleinere* Atomkerne: *Barium* ($^{139}_{56}Ba$) und *Krypton* ($^{94}_{36}Kr$). In diesem Fall werden noch *drei Neutronen* frei. Diese können weitere *Kernspaltungen* auslösen. Es kommt zu einer *Kettenreaktion*.

Name	Klasse	Datum	Physik / Chemie	
__________	9	__________		__________

Unkontrollierte Kettenreaktion

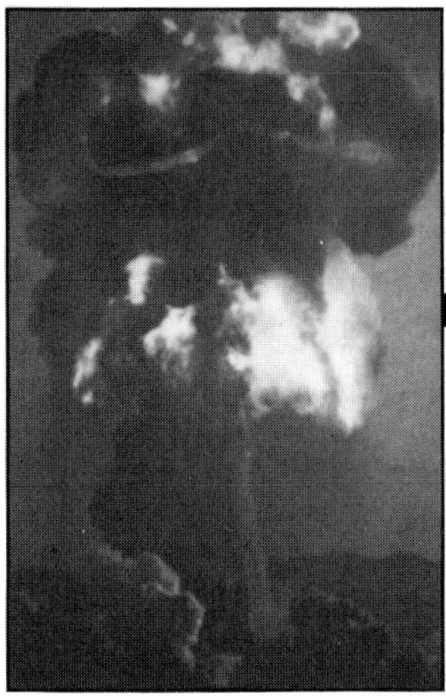

__________ __________

__________ __________

Jedes der bei der Kettenreaktion freiwerdenden drei __________ ist in der Lage, weitere __________ zu __________.

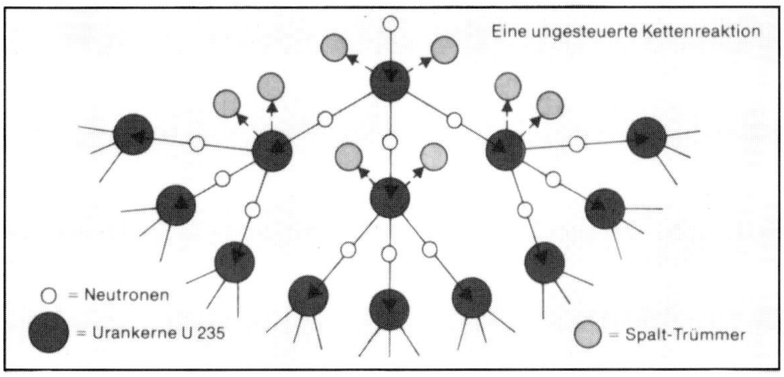

Während des Spaltungsvorgangs verlieren die Kernteilchen etwas von ihrer __________. Die verlorengegangene Masse wird in __________ umgewandelt.

Damit eine Kettenreaktion in Gang kommt, müssen ausreichend viele __________ und __________ Material vorhanden sein. Die Masse von spaltbarem Material, die für die Auslösung der Kettenreaktion notwendig ist, wird __________ genannt.

Die Atombombe

Innerhalb der Atombombe befinden sich __________ getrennte Massen von spaltbarem Material: __________.

__________ __________ __________

__________ __________ __________

Name	Klasse	Datum	Physik / Chemie	
	9			

Unkontrollierte Kettenreaktion

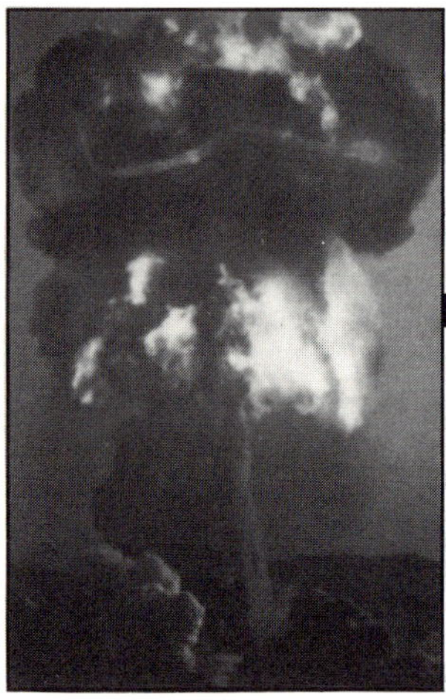

Atombomben-explosion

Hiroshima nach der Atombomben-explosion

Jedes der bei der Kettenreaktion freiwerdenden drei *Neutronen* ist in der Lage, weitere *Urankerne* zu *spalten*.

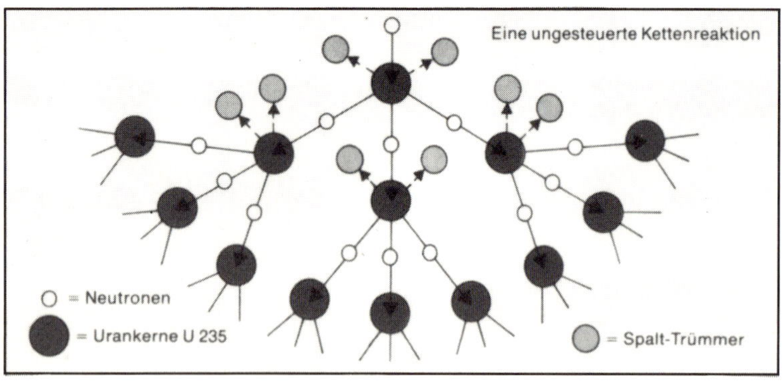

Während des Spaltungsvorgangs verlieren die Kernteilchen etwas von ihrer *Masse*. Die verlorengegangene Masse wird in *Energie* umgewandelt.

Damit eine Kettenreaktion in Gang kommt, müssen ausreichend viele *Neutronen* und *spaltbares* Material vorhanden sein. Die Masse von spaltbarem Material, die für die Auslösung der Kettenreaktion notwendig ist, wird *kritische Masse* genannt.

Die Atombombe

Innerhalb der Atombombe befinden sich *zwei* getrennte Massen von spaltbarem Material: *Uran 235*.

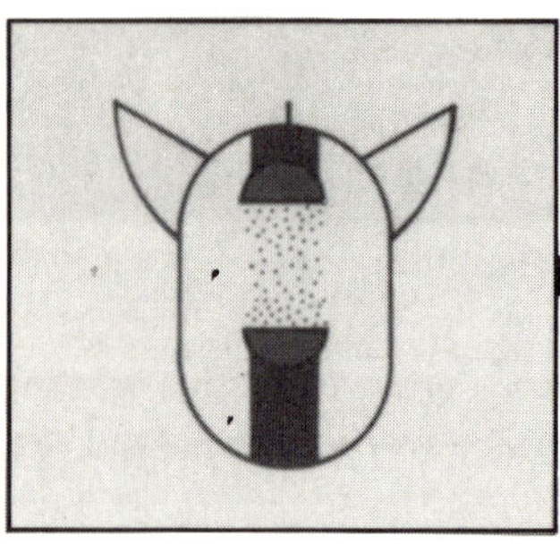

Das spaltbare Material ist getrennt.

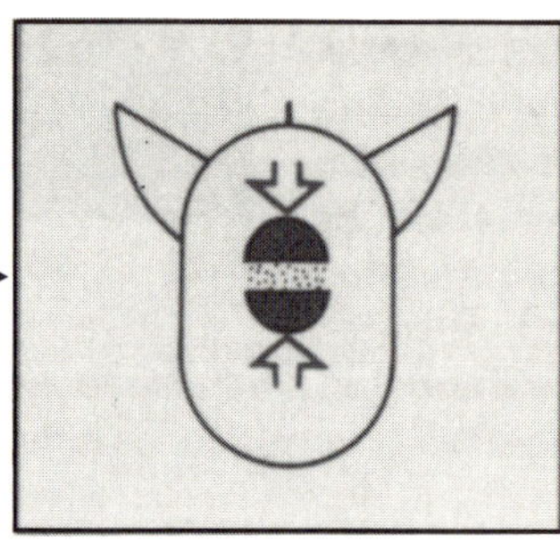

Die kritische Masse ist erreicht.

Die Atombombe explodiert.

Name	Klasse 9	Datum	Physik / Chemie	
______		______		______

Kontrollierte Kettenreaktion

Auch im Innern eines Kernkraftwerks, dem __________, läuft eine __________ ab.

Blick ins Reaktorinnere

Bestandteile des Kernreaktors

______	______
______	______
______	______
______	______
______	______
______	______

Steuerung der Kettenreaktion

Die Steuerung geschieht durch __________ aus __________ oder __________.

Beide Stoffe nehmen freie __________ auf.

Regelstäbe zwischen Brennstäben

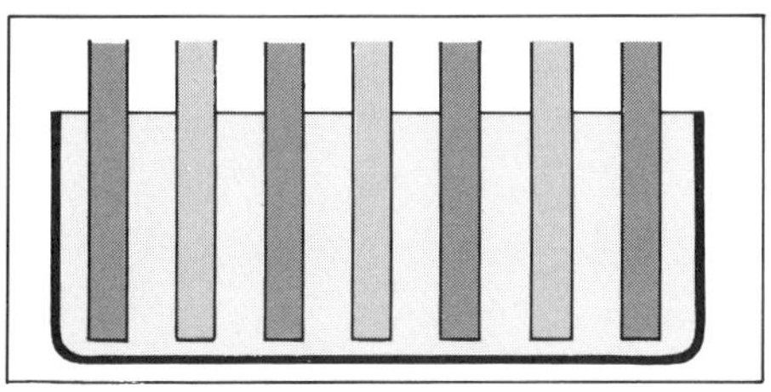

Setze die Zahlen ein!

1 = Brennstäbe

2 = Regelstäbe

3 = Moderator

Regelstäbe herausgezogen

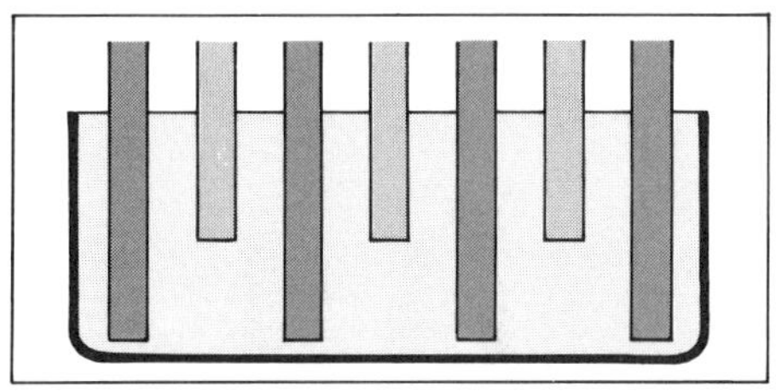

______________________________ ______________________________

______________________________ ______________________________

______________________________ ______________________________

Der Druckwasserreaktor

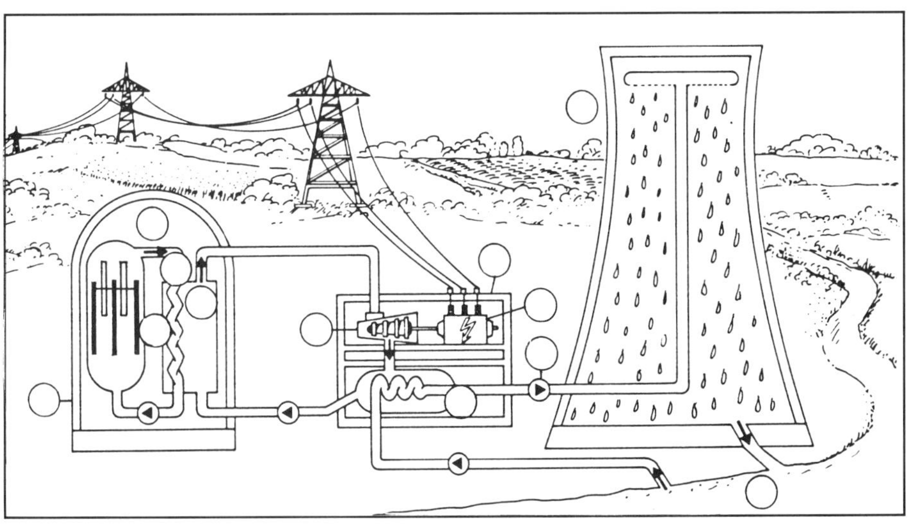

Setze die Zahlen ein!

1 = Reaktorkreislauf (Markiere diesen gelb!)
2 = Dampfkreislauf (Markiere diesen rot!)
3 = Wärmetauscher
4 = Turbine
5 = Generator
6 = Kondensator
7 = Reaktor
8 = Reaktorgebäude
9 = Maschinenhaus
10 = Pumpen
11 = Kühlturm
12 = Kühlwasser

Name	Klasse 9	Datum	Physik / Chemie	

Kontrollierte Kettenreaktion

Auch im Innern eines Kernkraftwerks, dem *Reaktor*, läuft eine *Kettenreaktion* ab.

Blick ins Reaktorinnere

Bestandteile des Kernreaktors

Brennstäbe	Moderator
Angereichertes U 235 wird gespalten; freiwerdende Neutronen spalten weitere Urankerne.	*(Meist) Wasser. Es bremst die Neutronen – dadurch Spaltung möglich Kühlmittel nimmt Wärmeenergie auf.*

Steuerung der Kettenreaktion

Die Steuerung geschieht durch *Regelstäbe* aus *Borstahl* oder *Cadmium*.
Beide Stoffe nehmen freie *Neutronen* auf.

Regelstäbe zwischen Brennstäben

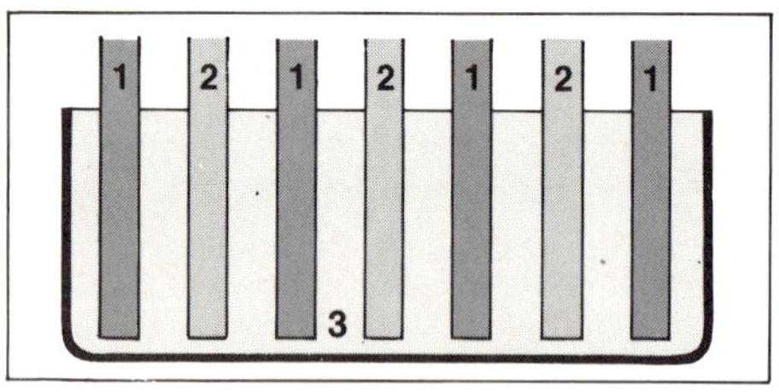

Setze die Zahlen ein!
1 = Brennstäbe
2 = Regelstäbe
3 = Moderator

Regelstäbe herausgezogen

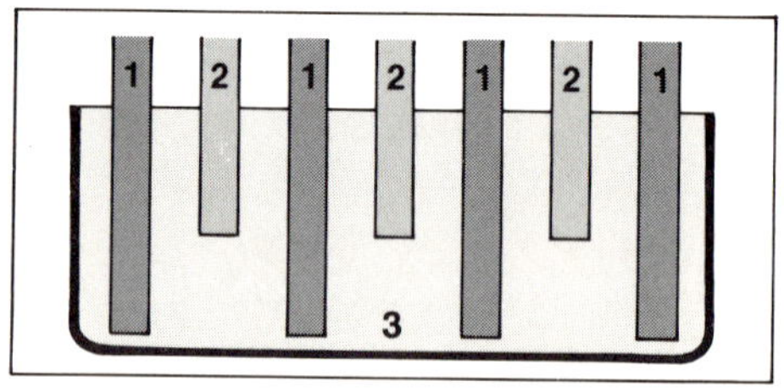

Freie Neutronen werden aufgenommen. Die Kettenreaktion wird unterbrochen.

Freie Neutronen treffen auf spaltbares Material. Die Kettenreaktion erfolgt.

Der Druckwasserreaktor

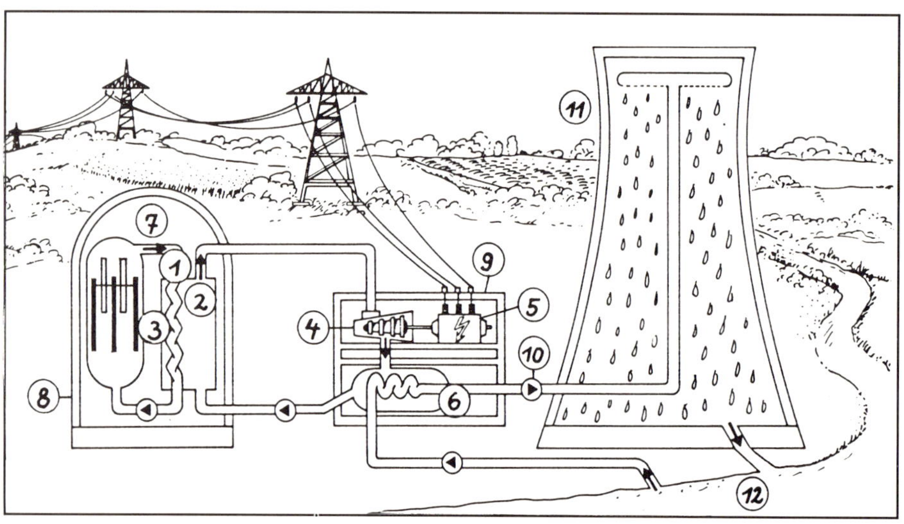

Setze die Zahlen ein!
1 = Reaktorkreislauf (Markiere diesen gelb!)
2 = Dampfkreislauf (Markiere diesen rot!)
3 = Wärmetauscher
4 = Turbine
5 = Generator
6 = Kondensator
7 = Reaktor
8 = Reaktorgebäude
9 = Maschinenhaus
10 = Pumpen
11 = Kühlturm
12 = Kühlwasser

Name	Klasse 9	Datum	Physik / Chemie	
______		______		______

Probleme bei Kernkraftwerken

______	← Gefahren durch Kernkraftwerke →	______
______		______

Weitere Gefahrenquellen: ______________________________

____

Der Weg des Brennstoffes

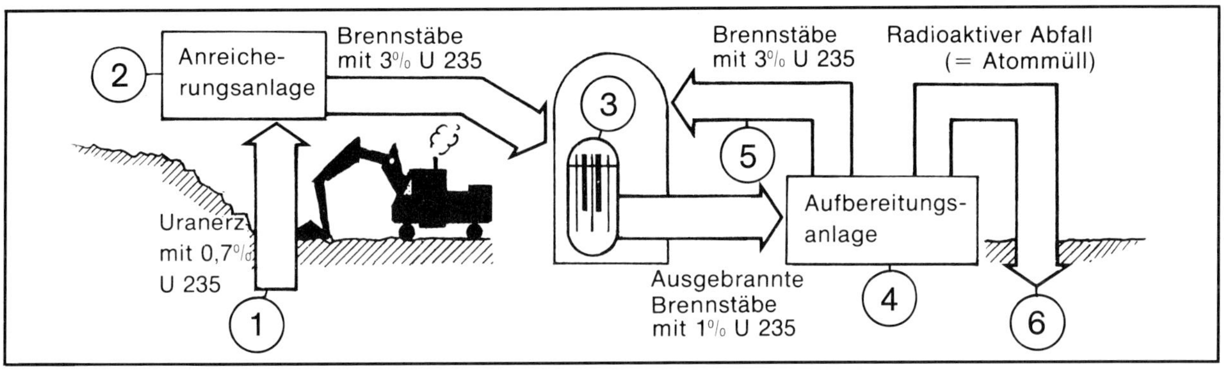

Beschreibe den Weg des Brennstoffes!

1. ______________________________
2. ______________________________
3. ______________________________
4. ______________________________
5. ______________________________
6. ______________________________

Das Problem der Entsorgung

In den Brennelementen sammeln sich bei der Kernspaltung ______________________, ______________________ Spaltprodukte an. Teilweise besitzen diese Spaltprodukte sehr lange ______________________. Deshalb müssen sie absolut gefahrlos beseitigt (= ______________________) werden. Dies geschieht in Spezialbehältern tief unter der Erde in ______________________.

Äußere dich kurz zur Wiederaufbereitung und Entsorgung!

____

____

____

Name	Klasse 9	Datum	Physik / Chemie	

Probleme bei Kernkraftwerken

Gefahren durch Kernkraftwerke:

- *Höhere Strahlendosen in Kernkraftwerksnähe*
- *Aufheizung der Gewässer durch Kühlwasser*
- *Radioaktive Abfallprodukte (Entsorgung)*
- *Explosionsgefahr bei Versagen aller Sicherheitssysteme*

Weitere Gefahrenquellen: *technische Defekte, Austritt von radioaktivem Dampf, äußere Einflüsse (Erdbeben, Sabotage, Flugzeugabsturz, . . .)*

Der Weg des Brennstoffes

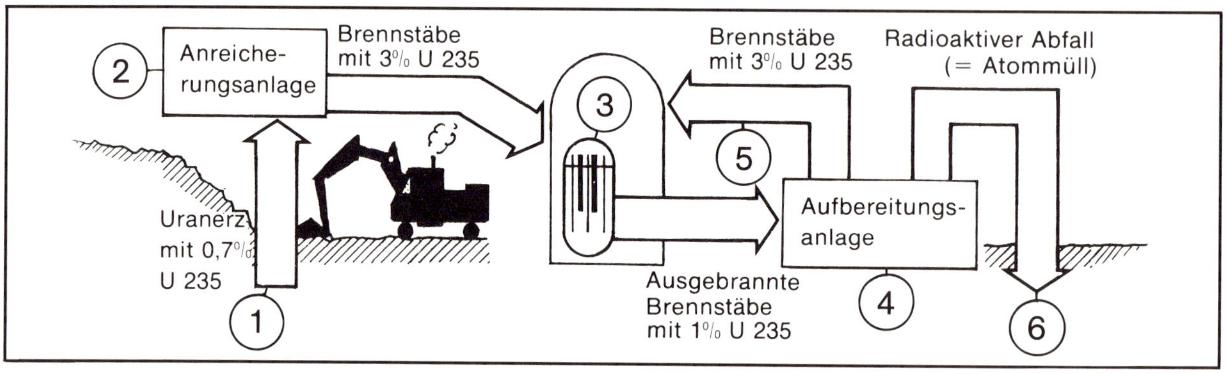

Beschreibe den Weg des Brennstoffes!

1. *Gewinnung von Uran im Bergbau (0,7 % U 235)*
2. *Anreicherung des Urans auf 3 % U 235*
3. *Einsatz der Brennstäbe im Kernreaktor*
4. *Erneuerung der ausgebrannten Brennelemente (Wiederaufbereitung)*
5. *Wiedereinsatz im Kernkraftwerk nach Anreicherung mit 3 % U 235*
6. *Entsorgung und Endlagerung des radioaktiven Abfalls*

Das Problem der Entsorgung

In den Brennelementen sammeln sich bei der Kernspaltung *hochradioaktive*, *unverwertbare* Spaltprodukte an. Teilweise besitzen diese Spaltprodukte sehr lange *Halbwertszeiten*. Deshalb müssen sie absolut gefahrlos beseitigt (= *entsorgt*) werden. Dies geschieht in Spezialbehältern tief unter der Erde in *Salzstöcken*.

Äußere dich kurz zur Wiederaufbereitung und Entsorgung!

____

____

____

Name	Klasse 9	Datum	Physik / Chemie	
______________		______________		______

VI. Energieumwandlung, Energiebedarf u. Energieverbrauch

Wärmekraftwerke – Kernkraftwerke

a) Wärmekraftwerk

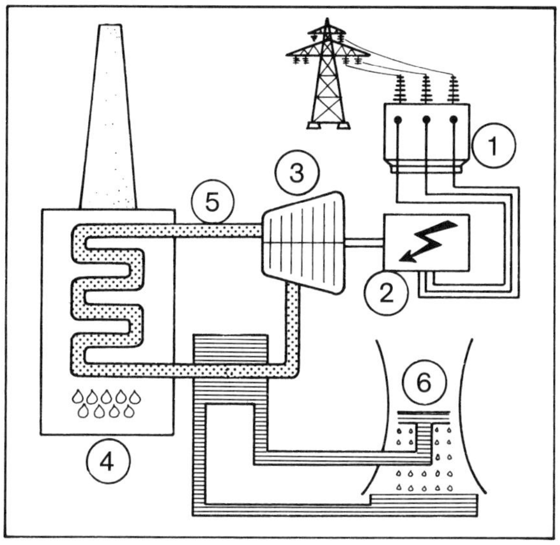

1 ______________________
2 ______________________
3 ______________________
4 ______________________
5 ______________________
6 ______________________

Beschreibe kurz die Funktion!

____
____
____
____

Energieumwandlungskette

Brennstoff (________

________________) Verbrennung → Dampf → Turbine → Generator

Brennstoff (______ ______)	Verbrennung	Dampf	Turbine	Generator
______ Energie 100 %	______ Energie	______ Energie	______ Energie	______ Energie 40 %

b) Kernkraftwerk

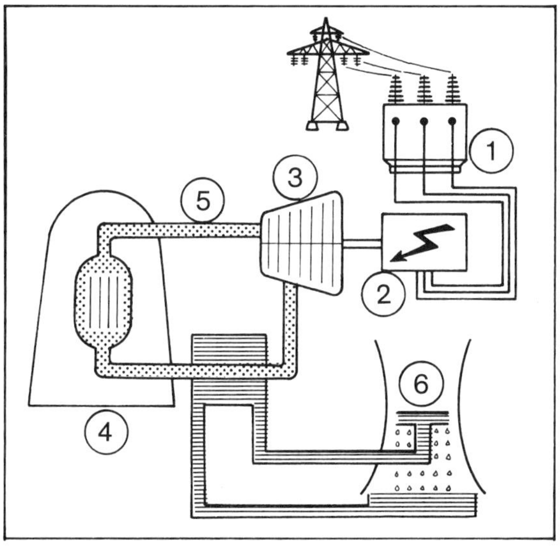

1 ______________________
2 ______________________
3 ______________________
4 ______________________
5 ______________________
6 ______________________

Beschreibe kurz die Funktion!

____
____
____
____

Energieumwandlungskette

Uran	Dampf	Turbine	Generator
______ Energie 100 %	______ Energie	______ Energie	______ Energie 33 %

Zeichne bei beiden Kraftwerken den Kühlwasserkreislauf blau, den Dampfkreislauf rot!

Name	Klasse 9	Datum	Physik / Chemie	

VI. Energieumwandlung, Energiebedarf u. Energieverbrauch

Wärmekraftwerke – Kernkraftwerke

a) Wärmekraftwerk

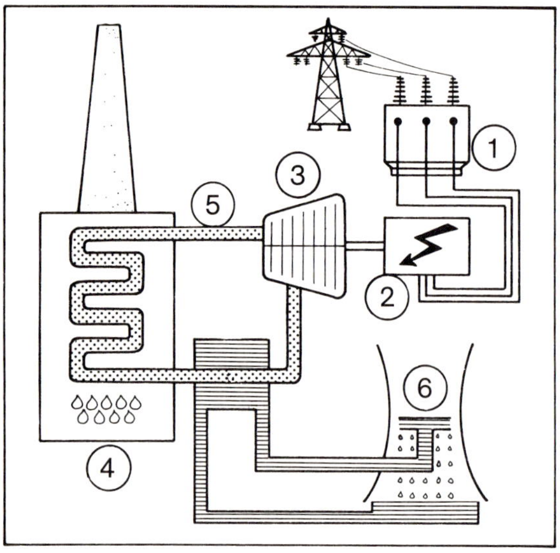

1 *Umspannwerk*
2 *Generator*
3 *(Dampf-)Turbine*
4 *Brenner (Kohle, Gas, Öl)*
5 *Dampfkreislauf*
6 *Kühlturm (Kühlwasserkreislauf)*

Beschreibe kurz die Funktion!

Im Brenner wird mit Hilfe von Brennstoffen Wasser zu Wasserdampf erhitzt. Dieser treibt die Turbine an. Generator – Strom

Energieumwandlungskette

Brennstoff (*Kohle Gas, Öl*)

Brennstoff	Verbrennung	Dampf	Turbine	Generator
chemische Energie 100 %	→ *Wärme* Energie	→ *innere* Energie	→ *Bewegungs-* Energie	→ *elektrische* Energie 40 %

b) Kernkraftwerk

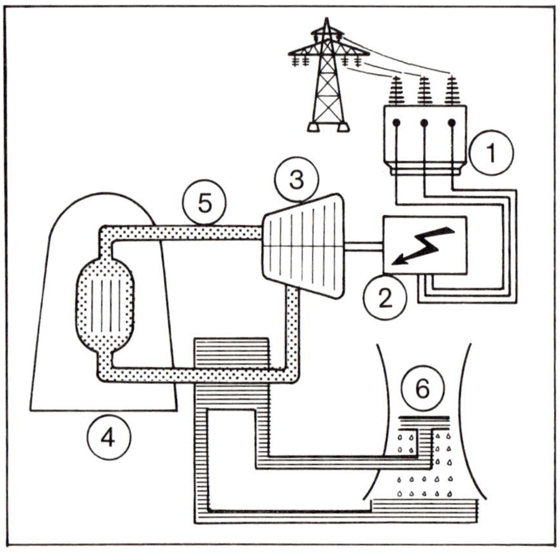

1 *Umspannwerk*
2 *Generator*
3 *(Dampf-)Turbine*
4 *Kernreaktor*
5 *Dampfkreislauf*
6 *Kühlturm (Kühlwasserkreislauf)*

Beschreibe kurz die Funktion!

analog zu oben

Energieumwandlungskette

Uran	Dampf	Turbine	Generator
Kern- Energie 100 %	→ *innere* Energie	→ *Bewegungs-* Energie	→ *elektrische* Energie 33 %

Zeichne bei beiden Kraftwerken den Kühlwasserkreislauf blau, den Dampfkreislauf rot!

Name	Klasse 9	Datum	Physik / Chemie	
___		___		___

Wasserkraftwerke

c) Wasserkraftwerk

1 ______________________

2 ______________________

3 ______________________

Beschreibe kurz die Funktion!

____

____

____

____

____

Energieumwandlungskette

Stausee		Fallrohr		Turbine		Generator
______ Energie 100 %	→	______ Energie	→	______ Energie	→	______ Energie 80 %

Wir vergleichen die 3 Kraftwerksarten

Dampfkraftwerk

zugeführte Energie	elektrische Energie	Energieverluste
______ %	______ %	______ %

Kernkraftwerk

zugeführte Energie	elektrische Energie	Energieverluste
______ %	______ %	______ %

Wasserkraftwerk

zugeführte Energie	elektrische Energie	Energieverluste
______ %	______ %	______ %

Erkundige dich bei deinem Energieversorgungsunternehmen, welche Kraftwerksart hauptsächlich zur Stromerzeugung verwendet wird.

Warum werden bei uns in Bayern nicht mehr Wasserkraftwerke gebaut?

____

____

Name	Klasse 9	Datum	Physik / Chemie	

Wasserkraftwerke

c) Wasserkraftwerk

1 *Umspannwerk*

2 *Generator*

3 *(Wasser-)Turbine*

Beschreibe kurz die Funktion!

Das Wasser gelangt vom Stausee über das Fallrohr zur Turbine und treibt diese an – Generator.

Energieumwandlungskette

Stausee		Fallrohr		Turbine		Generator
Lage- Energie 100 %	→	*Bewegungs-* Energie	→	*Bewegungs-* Energie	→	*elektrische* Energie 80 %

Wir vergleichen die 3 Kraftwerksarten

Dampfkraftwerk

zugeführte Energie	elektrische Energie	Energieverluste
100 %	*40* %	*60* %

Kernkraftwerk

zugeführte Energie	elektrische Energie	Energieverluste
100 %	*33* %	*67* %

Wasserkraftwerk

zugeführte Energie	elektrische Energie	Energieverluste
100 %	*80* %	*20* %

Erkundige dich bei deinem Energieversorgungsunternehmen, welche Kraftwerksart hauptsächlich zur Stromerzeugung verwendet wird.

Warum werden bei uns in Bayern nicht mehr Wasserkraftwerke gebaut?

Fast alle sinnvoll nutzbaren Flußläufe sind bereits mit Kraftwerken versehen.

Name	Klasse 9	Datum	Physik / Chemie	
______		______		______

Sonnenenergie

a) Solarzellen

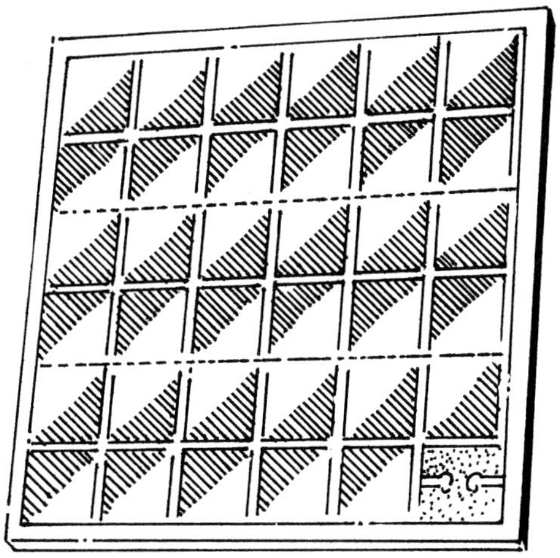

Solarzellen wandeln das einfallende Sonnenlicht direkt in elektrischen Strom um.

Solarzellen werden zum Beispiel verwendet bei:

______

______

______

______

______

______

b) Sonnenkollektoren

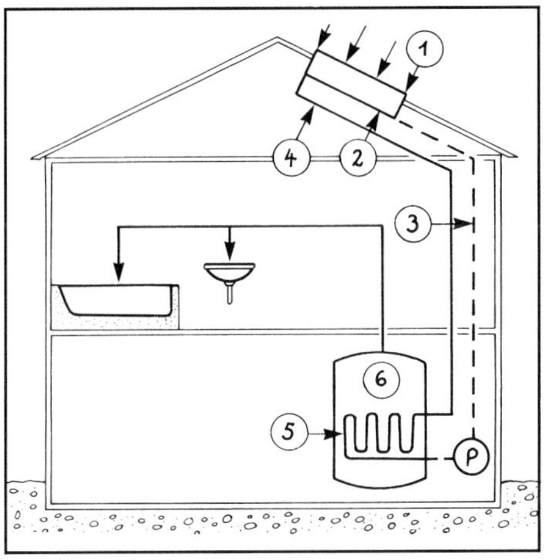

1 ______

2 ______

3 ______

4 ______

5 ______

6 ______

Sonnenkollektoren finden wir vielfach auf Hausdächern. Sie nehmen die Wärmestrahlung der Sonne auf. Eine Flüssigkeit, die zum Wärmetransport verwendet wird, wird durch die Wärmestrahlung der Sonne auf etwa 40° – 90° C erwärmt.

______

______

______

Die Verwendung der Sonnenenergie bringt viele Vorteile; der Nutzung der Sonnenenergie in der Bundesrepublik Deutschland sind aber auch natürliche Grenzen gesetzt:

1. ______

______

2. ______

______

______

3. ______

______

______

4. ______

Name	Klasse 9	Datum	Physik / Chemie	

Sonnenenergie

a) Solarzellen

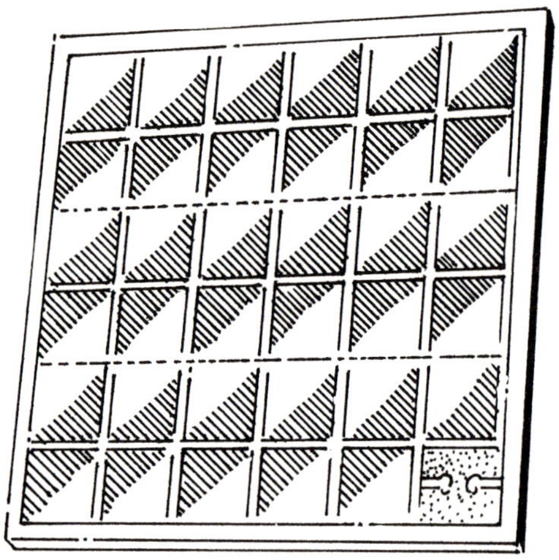

Solarzellen wandeln das einfallende Sonnenlicht direkt in elektrischen Strom um.

Solarzellen werden zum Beispiel verwendet bei:

Taschenrechnern, Fernmeldesatelliten,

Stromversorgung bei Booten,

Leuchtbojen, Strommastenbeleuchtung,

usw.

b) Sonnenkollektoren

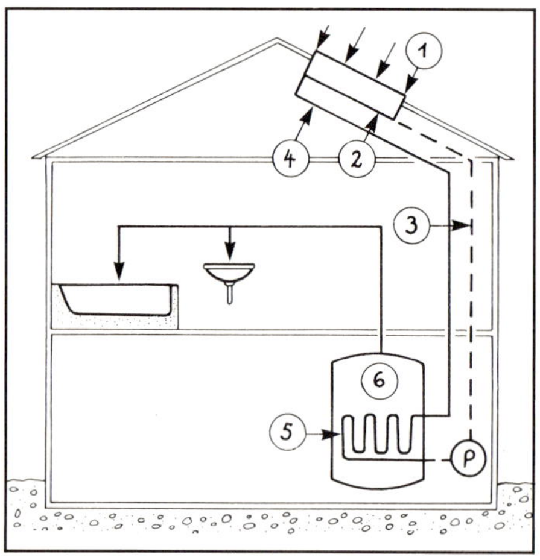

1 *Sonnenenergie*

2 *Sonnenkollektor*

3 *Kaltwasserzuleitung*

4 *Warmwasserrückleitung*

5 *Wärmetauscher*

6 *Warmwasserbehälter*

Sonnenkollektoren finden wir vielfach auf Hausdächern. Sie nehmen die Wärmestrahlung der Sonne auf. Eine Flüssigkeit, die zum Wärmetransport verwendet wird, wird durch die Wärmestrahlung der Sonne auf etwa 40° – 90° C erwärmt.

Über die Warmwasserrückleitung wird es in den Wärmetauscher (5) geführt. Dort gibt es die Wärme an das Brauchwasser ab. Das Brauchwasser versorgt die Warmwasserzapfstellen des Hauses.

Die Verwendung der Sonnenenergie bringt viele Vorteile; der Nutzung der Sonnenenergie in der Bundesrepublik Deutschland sind aber auch natürliche Grenzen gesetzt:

1. *Die eingestrahlte Sonnenenergie ist abhängig von der Tageszeit, der Jahreszeit, der Witterung und vom geographischen Standort.*
2. *Die Bestrahlungsstärke ist gering. Bei Verwendung von Solarzellen wäre eine überbaute Fläche von 24 000 km^2 (≈ 10% der Fläche der BRD) notwendig, um den Strombedarf der Bundesrepublik zu decken.*
3. *Die Anlagekosten für Sonnenkollektoren und die Herstellungskosten für Solarzellen sind verhältnismäßig hoch. 1 kWh aus herkömmlichen Kraftwerken kostet 18 Pfennig, aus Sonnenkraftwerken dagegen rund 2 DM.*
4. *Sonnenenergie läßt sich nicht direkt speichern.*

Name	Klasse 9	Datum	Physik / Chemie	
______		______		______

Weitere ergänzende Energiequellen der Zukunft

a) Windenergie

Die Nutzung der Windenergie ist nur dann wirtschaftlich möglich, wenn die Windgeschwindigkeit durchschnittlich mindestens _____ $\frac{m}{s}$ beträgt.

Überlege, welche geographischen Bedingungen dafür notwendig sind!

____

____

____

____

b) Gezeitenenergie

Ebbe

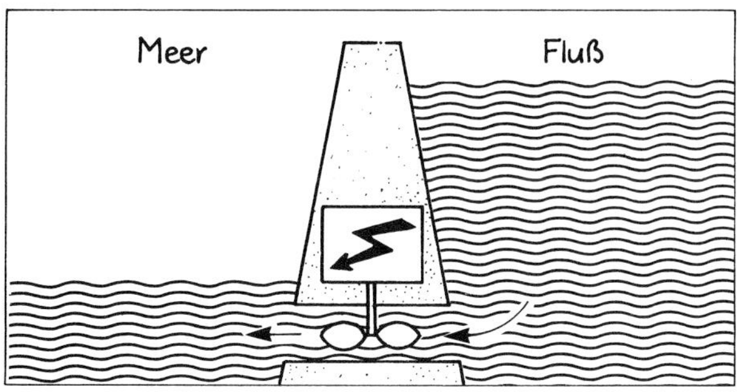

Flut

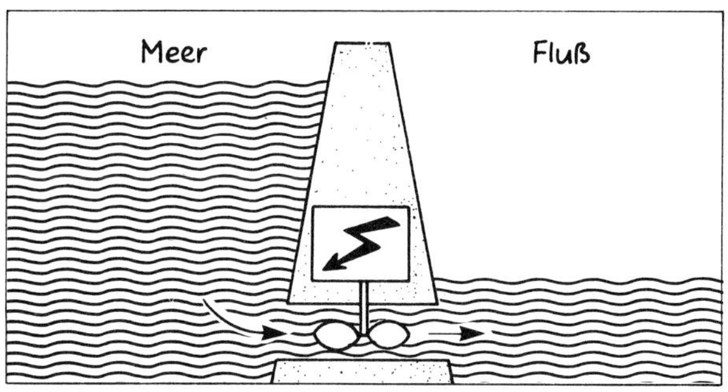

Beschreibe kurz die Funktion eines Gezeitenkraftwerkes!

____

____

____

____

c) Biogasenergie

Biogasenergie fällt in Kläranlagen, aber auch bei landwirtschaftlichen Betrieben an.
Ein Teil des Biogases muß dazu verwendet werden, die Gärtemperatur von 35°C aufrechtzuerhalten. Damit laufen Biogasanfall und Energiebedarf zeitlich auseinander.
Im Winter bei hohem Heizbedarf z.B. im Wohnhaus wird ein Großteil der Biogasproduktion gebraucht, um die Gärtemperatur zu halten. Im Sommer besteht dann ein Biogasüberschuß, der abgefackelt werden muß.

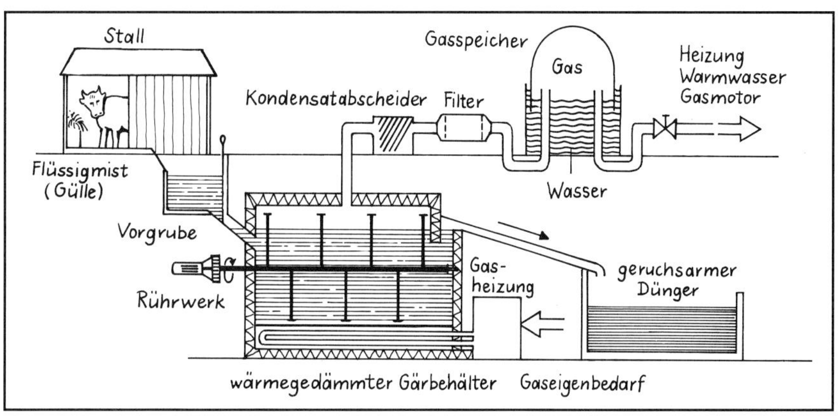

Name	Klasse 9	Datum	Physik / Chemie	

Weitere ergänzende Energiequellen der Zukunft

a) Windenergie

Die Nutzung der Windenergie ist nur dann wirtschaftlich möglich, wenn die Windgeschwindigkeit durchschnittlich mindestens *5* $\frac{m}{s}$ beträgt.

Überlege, welche geographischen Bedingungen dafür notwendig sind!

Flachland, starke Winde möglichst gleichbleibend, Berggipfel usw.

b) Gezeitenenergie

Ebbe

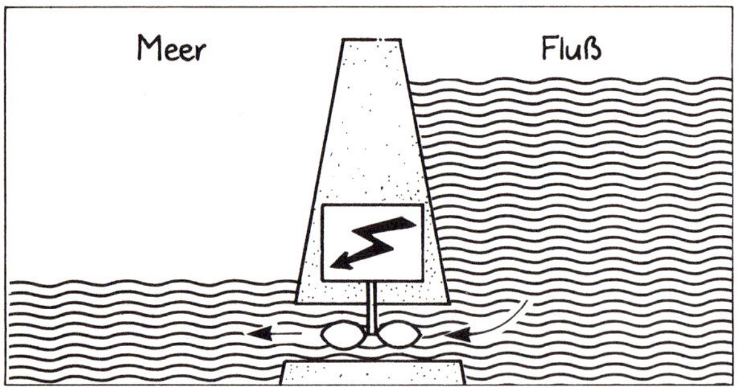

Flut

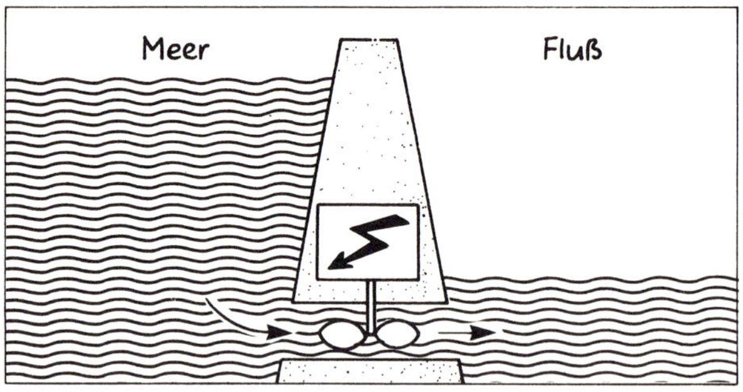

Beschreibe kurz die Funktion eines Gezeitenkraftwerkes!

Ebbe: Das Wasser strömt in Richtung Meer und treibt dabei die Turbine an.

Flut: Wasserstand auf Flußseite niedriger als auf Meeresseite – Strömung in Richtung Fluß.

c) Biogasenergie

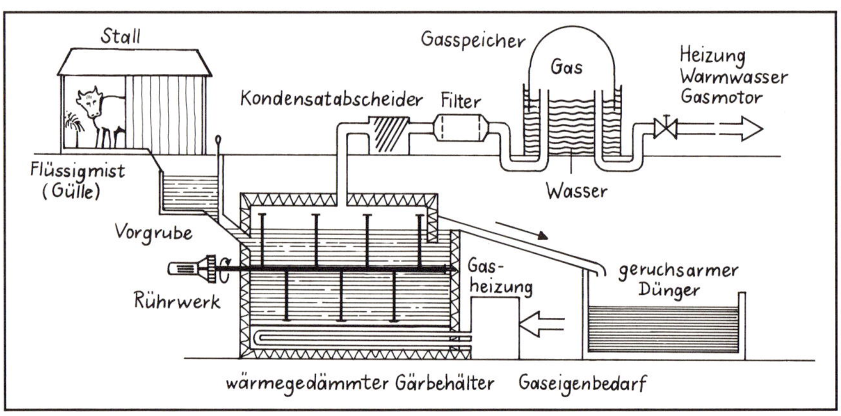

Biogasenergie fällt in Kläranlagen, aber auch bei landwirtschaftlichen Betrieben an.
Ein Teil des Biogases muß dazu verwendet werden, die Gärtemperatur von 35°C aufrechtzuerhalten. Damit laufen Biogasanfall und Energiebedarf zeitlich auseinander.
Im Winter bei hohem Heizbedarf z.B. im Wohnhaus wird ein Großteil der Biogasproduktion gebraucht, um die Gärtemperatur zu halten. Im Sommer besteht dann ein Biogasüberschuß, der abgefackelt werden muß.

Name	Klasse 9	Datum	Physik / Chemie	

VII. Elektronik

Elektronische Bauteile

Heute sind in vielen elektrischen Geräten elektronische Bauteile eingebaut.

Gerät	Arbeiten, die von elektronischen Bauteilen verrichtet werden
„Waschvollautomat"	
Taschenrechner	
Stereoanlage	
Auto	
Küchenwaage	
elektrische Bohrmaschine	
Ölheizung	
Straßenbeleuchtung	

Elektronische Bauteile zeichnen sich gegenüber früher benutzten Bauteilen durch viele Vorteile aus:

früher		heute
Elektronenröhre:	Größe und Gewicht	Mikrochip:
Glühlampe:	Stromverbrauch	Leuchtdiode:
Relais:	Arbeitsweise	Transistor:
Elektronenröhre:	Herstellungskosten	Diode:

Name	Klasse 9	Datum	Physik / Chemie	

VII. Elektronik

Elektronische Bauteile

Heute sind in vielen elektrischen Geräten elektronische Bauteile eingebaut.

Gerät	Arbeiten, die von elektronischen Bauteilen verrichtet werden
„Waschvollautomat"	*Steuerung und Überwachung des Waschvorgangs*
Taschenrechner	*Durchführung von Rechenoperationen*
Stereoanlage	*Suchen und Festhalten eines Senders*
Auto	*Anzeige des Ladezustandes der Batterie*
Küchenwaage	*Digitale Anzeige der abgewogenen Menge*
elektrische Bohrmaschine	*Regelung der Drehzahl*
Ölheizung	*Steuerung des Brenners (Außentemperatur)*
Straßenbeleuchtung	*Einschalten, wenn es dunkel wird*

Elektronische Bauteile zeichnen sich gegenüber früher benutzten Bauteilen durch viele Vorteile aus:

früher		heute
Elektronenröhre:	Größe und Gewicht	Mikrochip:
groß		*klein*
schwer		*leicht*
Glühlampe:	Stromverbrauch	Leuchtdiode:
hoch		*gering*
einige 100 mA		*nur wenige mA*
Relais:	Arbeitsweise	Transistor:
langsam		*flink*
nutzt sich ab		*keine Abnutzung*
Elektronenröhre:	Herstellungskosten	Diode:
teuer		*preiswert*
mehrere DM		*wenige Pfennige*

Name	Klasse 9	Datum	Physik / Chemie	
______		______		______

Elektronische Fühler

Zwei der wichtigsten elektronischen Bauteile sind ______________ und ______________

______________.

Heißleiter

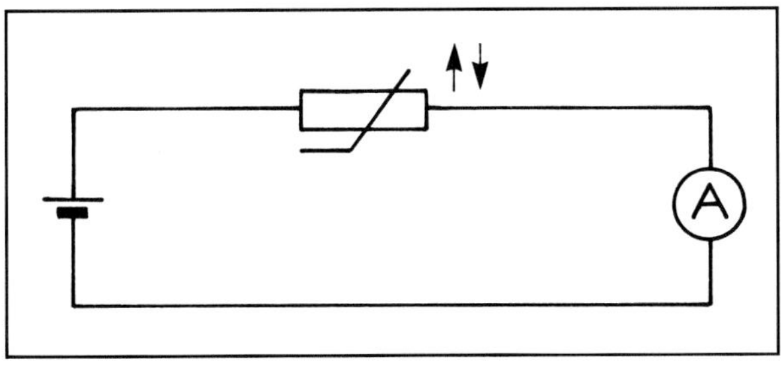

Versuch:

Ein Heißleiter wird in Reihe mit einem Amperemeter an eine Batterie angeschlossen. Wir tauchen den Heißleiter nacheinander in Gefäße mit unterschiedlich warmem Wasser.

Wir messen mit Hilfe eines Thermometers die Wassertemperatur. Am Amperemeter lesen wir die Stromstärke ab, die im Heißleiter fließt.

Es zeigt sich, daß der Widerstand eines Heißleiters von der ______________ abhängig ist.

______________	→	______________	→	______________
Temperatur		Stromstärke		Widerstand

______________	→	______________	→	______________
Temperatur		Stromstärke		Widerstand

Fotowiderstand

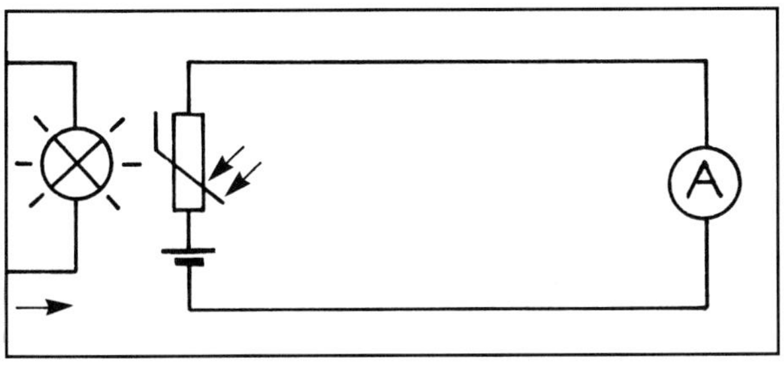

Versuch:

Wir ersetzen im obigen Versuch den Heißleiter durch einen Fotowiderstand.

Bei abgedunkeltem Fotowiderstand zeigt das Amperemeter eine sehr geringe Stromstärke an. Wir nähern dann dem Fotowiderstand eine Glühlampe. Die Stromstärke nimmt beim Annähern der Lichtquelle zu.

Es zeigt sich, daß der Widerstand eines Fotowiderstandes von der ______________

abhängig ist.

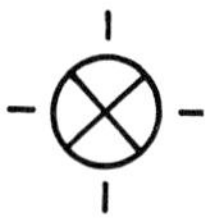

______________	→	______________	→	______________
Beleuchtungsstärke		Stromstärke		Widerstand

______________	→	______________	→	______________
Beleuchtungsstärke		Stromstärke		Widerstand

Name	Klasse 9	Datum	Physik / Chemie	

Elektronische Fühler

Zwei der wichtigsten elektronischen Bauteile sind *Heißleiter* und *Foto-widerstand*.

Heißleiter

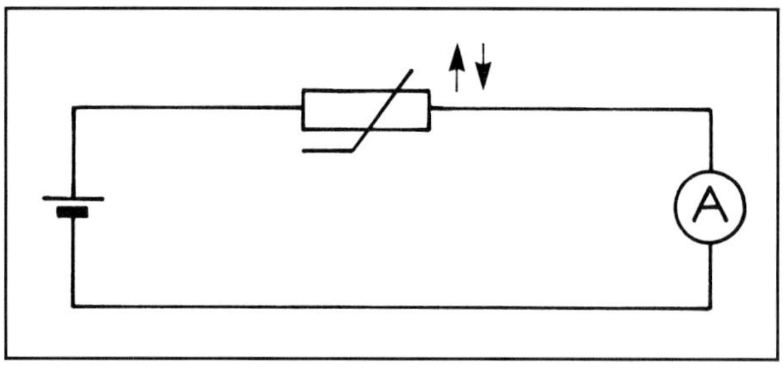

Versuch:

Ein Heißleiter wird in Reihe mit einem Amperemeter an eine Batterie angeschlossen. Wir tauchen den Heißleiter nacheinander in Gefäße mit unterschiedlich warmem Wasser.

Wir messen mit Hilfe eines Thermometers die Wassertemperatur. Am Amperemeter lesen wir die Stromstärke ab, die im Heißleiter fließt.

Es zeigt sich, daß der Widerstand eines Heißleiters von der *Temperatur* abhängig ist.

niedrige Temperatur → *niedrige* Stromstärke → *hoher* Widerstand

hohe Temperatur → *hohe* Stromstärke → *niedriger* Widerstand

Fotowiderstand

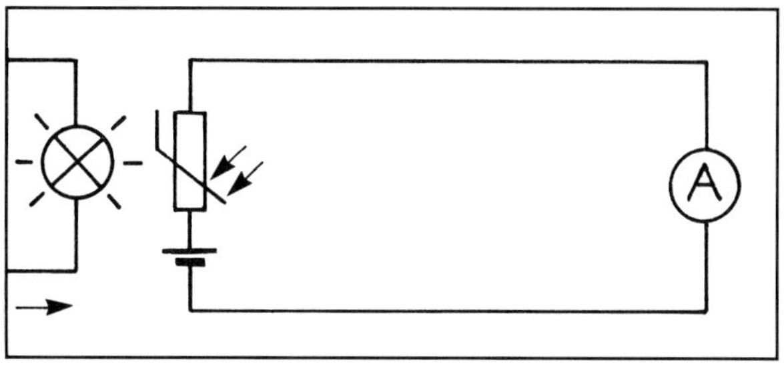

Versuch:

Wir ersetzen im obigen Versuch den Heißleiter durch einen Fotowiderstand.

Bei abgedunkeltem Fotowiderstand zeigt das Amperemeter eine sehr geringe Stromstärke an. Wir nähern dann dem Fotowiderstand eine Glühlampe. Die Stromstärke nimmt beim Annähern der Lichtquelle zu.

Es zeigt sich, daß der Widerstand eines Fotowiderstandes von der *Beleuchtungsstärke* abhängig ist.

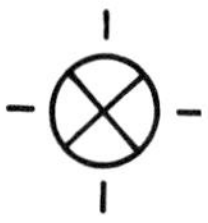

niedrige Beleuchtungsstärke → *niedrige* Stromstärke → *hoher* Widerstand

hohe Beleuchtungsstärke → *hohe* Stromstärke → *niedriger* Widerstand

Name	Klasse 9	Datum	Physik / Chemie	

Diode

Ein weiteres wichtiges elektronisches Bauteil ist die Halbleiterdiode.

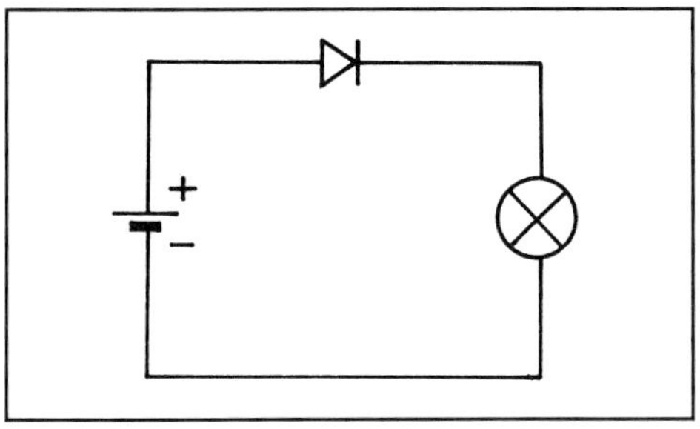

Versuch: Eine Si-Halbleiterdiode, eine Glühlampe (6V) und eine Blockbatterie werden so in Reihe geschaltet, wie es die Abbildung zeigt. Achte dabei auf das Symbol auf der Diode!

Beobachtung:

____

____

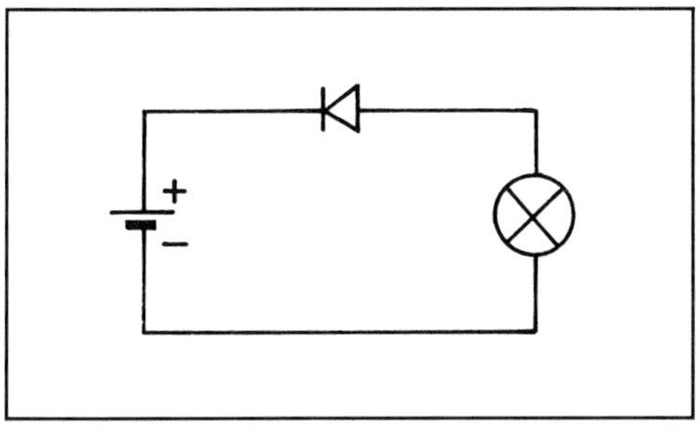

Versuch:
Der Versuchsaufbau bleibt gleich. Nur die Diode wird in entgegengesetzter Richtung in den Stromkreis eingesetzt.

Beobachtung:

____

____

Die Diode hat eine Durchlaßrichtung und eine Sperrichtung.

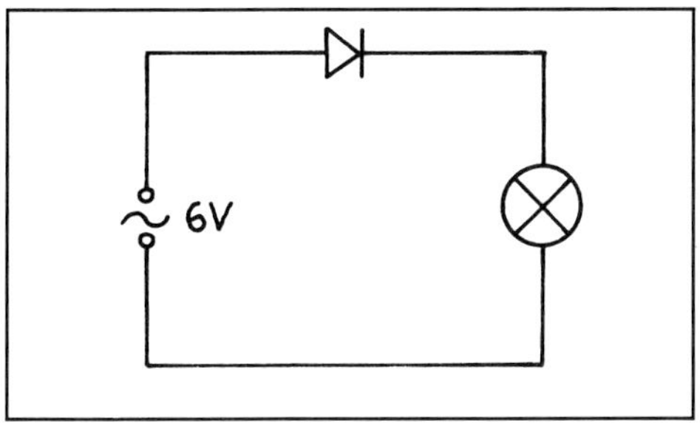

Versuch:
Wir bauen einen Stromkreis aus einer Si-Halbleiterdiode, einer Glühlampe (6V) und einer 6V-Wechselspannungsquelle auf.

Beobachtung:

____

____

Wird ein Oszilloskop parallel zur Glühlampe geschaltet, so zeigen sich verschiedene Schirmbilder. Erkläre!

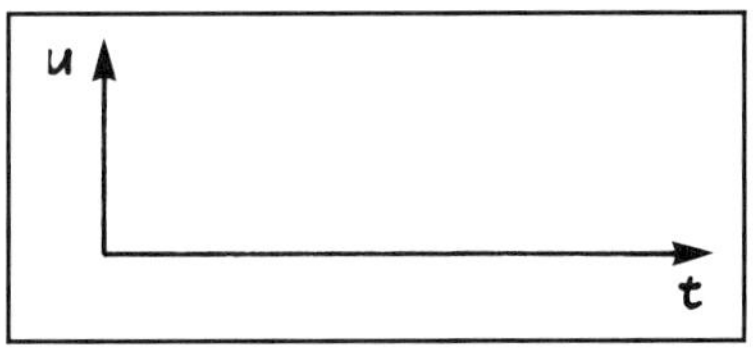

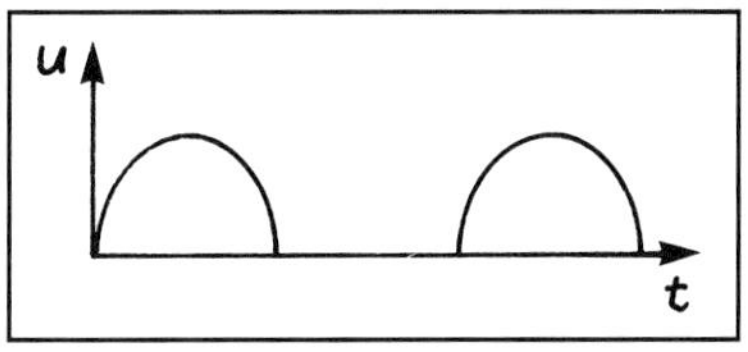

______________________ ______________________ ______________________

______________________ ______________________ ______________________

______________________ ______________________ ______________________

Ergänze:

Halbleiterdioden wirken wie ein elektrisches ______________. Sie ______________ elektrischen Gleichstrom in einer Richtung. Wechselspannung wird durch Dioden in ______________ ______________ umgeformt.

Name	Klasse 9	Datum	Physik / Chemie	

Diode

Ein weiteres wichtiges elektronisches Bauteil ist die Halbleiterdiode.

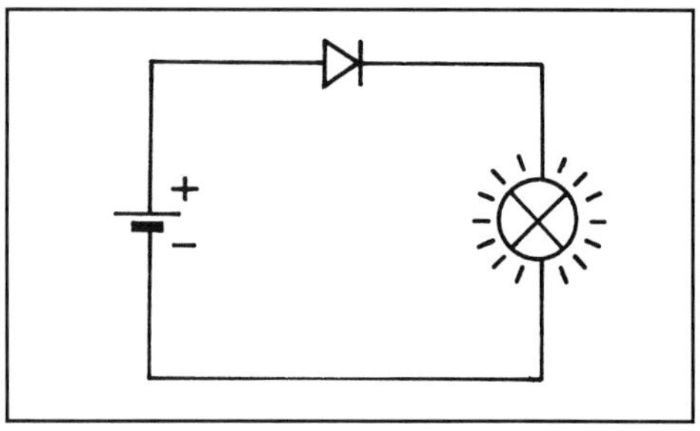

Versuch: Eine Si-Halbleiterdiode, eine Glühlampe (6V) und eine Blockbatterie werden so in Reihe geschaltet, wie es die Abbildung zeigt. Achte dabei auf das Symbol auf der Diode!

Beobachtung:

Die Lampe leuchtet auf, da die Diode

in Durchlaßrichtung geschaltet ist.

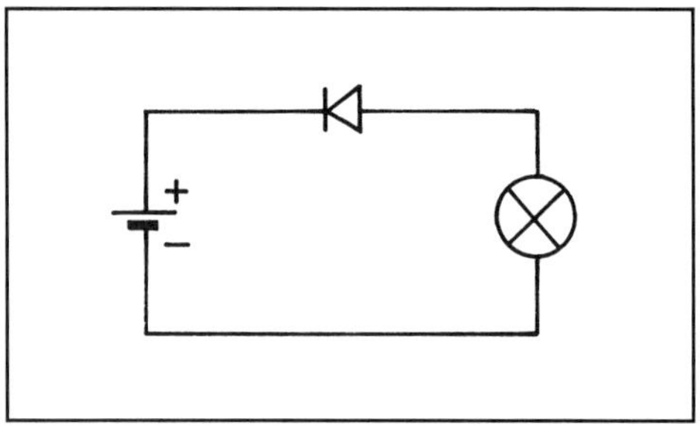

Versuch:
Der Versuchsaufbau bleibt gleich. Nur die Diode wird in entgegengesetzter Richtung in den Stromkreis eingesetzt.

Beobachtung:

Die Lampe leuchtet nicht, da die

Diode in Sperrichtung geschaltet ist.

Die Diode hat eine Durchlaßrichtung und eine Sperrichtung.

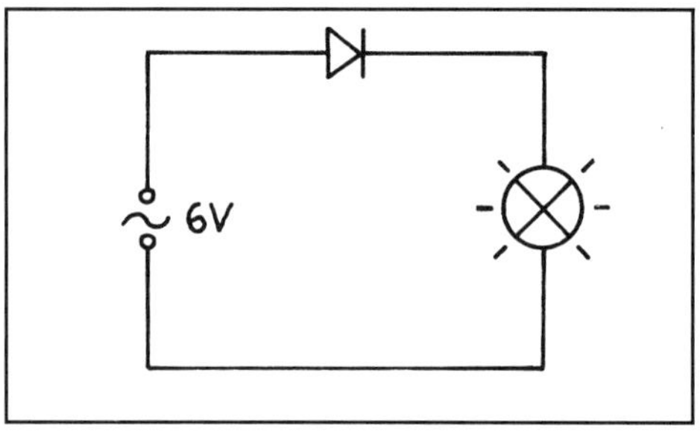

Versuch:
Wir bauen einen Stromkreis aus einer Si-Halbleiterdiode, einer Glühlampe (6V) und einer 6V-Wechselspannungsquelle auf.

Beobachtung:

Die Lampe leuchtet immer.

Die Leuchtstärke ist jedoch geringer.

Wird ein Oszilloskop parallel zur Glühlampe geschaltet, so zeigen sich verschiedene Schirmbilder. Erkläre!

Gleichspannung
Diode in
Durchlaßrichtung

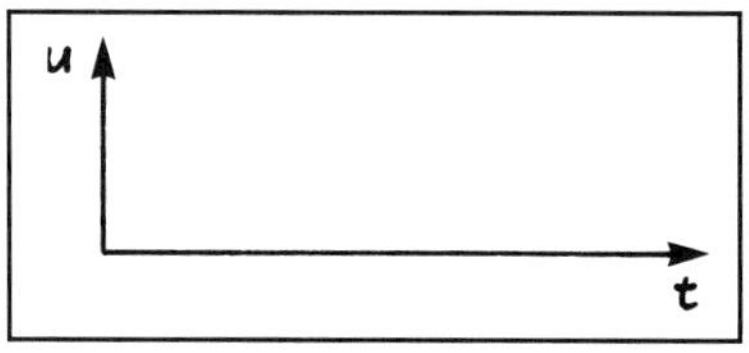

Gleichspannung
Diode in
Sperrichtung

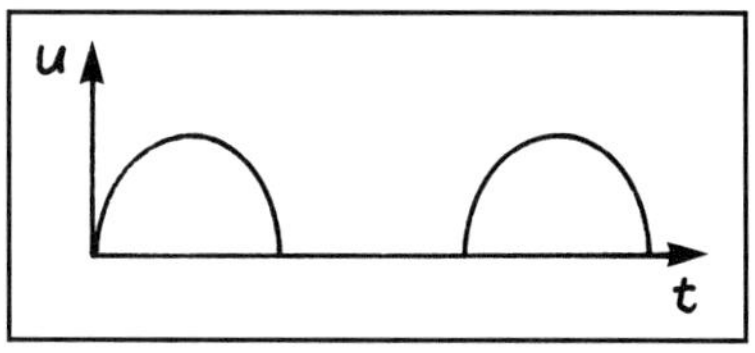

Wechselspannung
wird zu pulsierender
Gleichspannung

Ergänze:

Halbleiterdioden wirken wie ein elektrisches *Ventil*. Sie *sperren* elektrischen Gleichstrom in einer Richtung. Wechselspannung wird durch Dioden in *pulsierende* *Gleichspannung* umgeformt.

Name	Klasse 9	Datum	Physik / Chemie	

Der Transistor

Aufbau eines Transistors

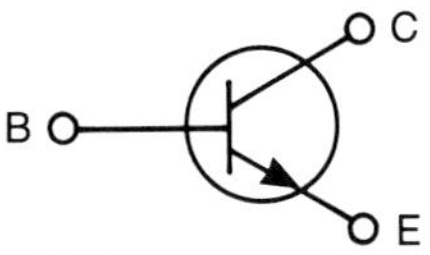

C = ____________ B = ____________ E = ____________

Wirkungsweise eines Transistors

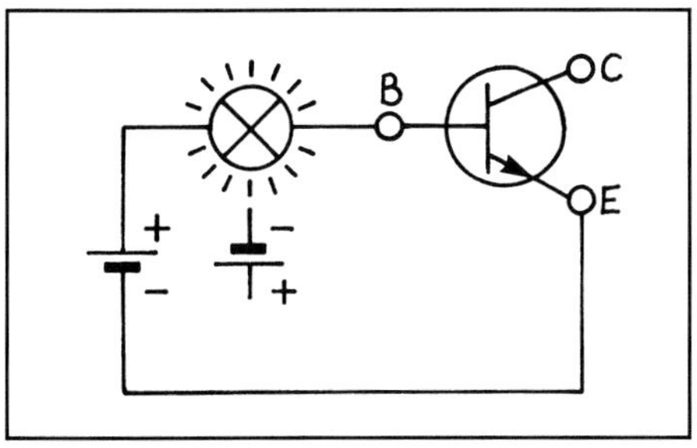

Versuch 1:

Wir bauen aus einer 4,5V-Batterie, einer Glühlampe (4V/ 0,04 A) und einem npn-Transistor (z.B. BC 140) einen Schaltkreis nach der Skizze auf. Der Pluspol der Batterie wird über die Glühlampe mit der Basis verbunden, und der Minuspol der Batterie wird mit dem Emitter verbunden.

Versuch 2: Der Minuspol der Batterie wird mit der Basis, der Pluspol wird mit dem Emitter verbunden.

Ergebnis: ____

____

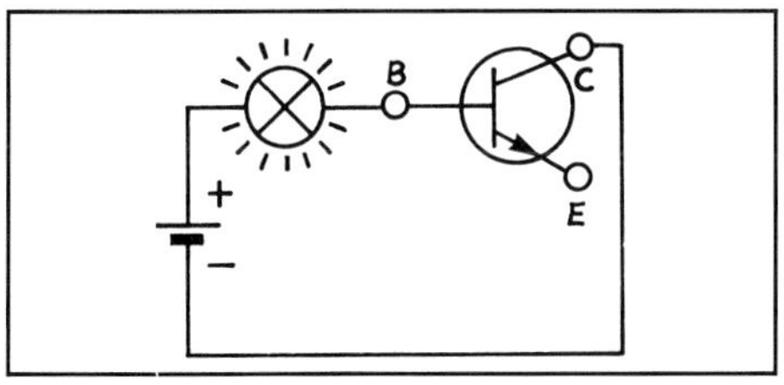

Versuch 1:

Wir bauen aus einer 4,5V-Batterie, einer Glühlampe (4V/ 0,04 A) und einem npn-Transistor (z.B. BC 140) einen Schaltkreis nach der Skizze auf. Der Pluspol der Batterie wird über die Glühlampe mit der Basis verbunden, und der Minuspol der Batterie wird mit dem Kollektor verbunden.

Versuch 2: Der Minuspol der Batterie wird mit der Basis, der Pluspol wird mit dem Kollektor verbunden.

Ergebnis: ____

____

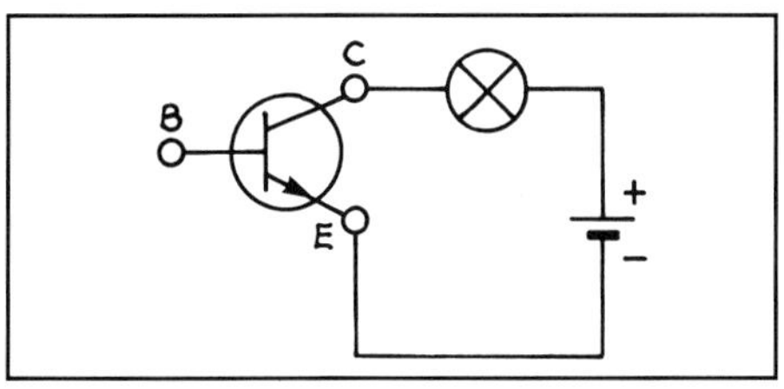

Versuch 1:

Wir bauen aus einer 4,5V-Batterie, einer Glühlampe (4V/ 0,04 A) und einem npn-Transistor (z.B. BC 140) einen Schaltkreis nach der Skizze auf. Kollektor und Emitter werden in Reihe mit der Glühlampe so an die Batterie angeschlossen, daß der Pluspol am Kollektor liegt.

Versuch 2: Der Minuspol der Batterie wird mit dem Kollektor und der Pluspol mit dem Emitter verbunden.

Ergebnis: ____

____

Ergänze die Tabelle!

○ BASIS ○ EMITTER ———▶ ⊗	○ BASIS ○ KOLLEKTOR ———▶ ⊗
○ BASIS ○ EMITTER ———▶ -⊗-	○ BASIS ○ KOLLEKTOR ———▶ -⊗-
○ EMITTER ○ KOLLEKTOR ———▶ ⊗	○ EMITTER ○ KOLLEKTOR ———▶ ⊗

Name	Klasse 9	Datum	Physik / Chemie	

Der Transistor

Aufbau eines Transistors

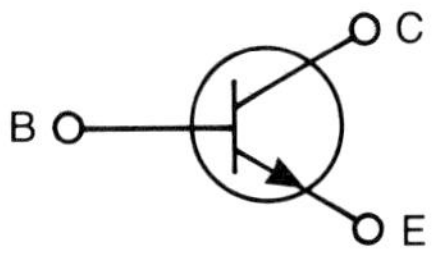

C = *Kollektor* B = *Basis* E = *Emitter*

Wirkungsweise eines Transistors

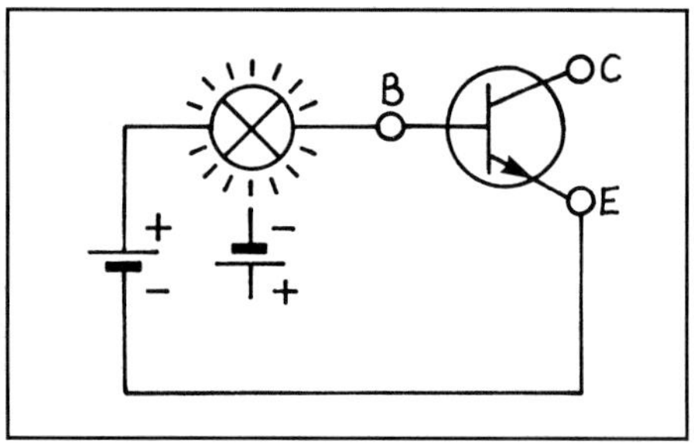

Versuch 1:

Wir bauen aus einer 4,5 V-Batterie, einer Glühlampe (4 V/ 0,04 A) und einem npn-Transistor (z. B. BC 140) einen Schaltkreis nach der Skizze auf. Der Pluspol der Batterie wird über die Glühlampe mit der Basis verbunden, und der Minuspol der Batterie wird mit dem Emitter verbunden.

Versuch 2: Der Minuspol der Batterie wird mit der Basis, der Pluspol wird mit dem Emitter verbunden.

Ergebnis: *Die Basis-Emitter-Strecke ist nur dann leitend, wenn der Pluspol der Batterie an der Basis anliegt.*

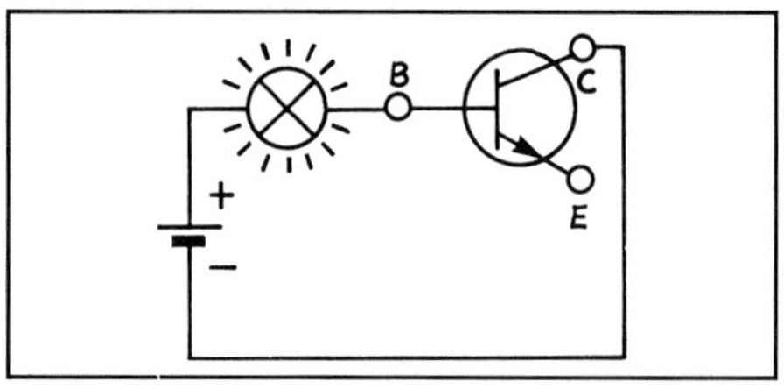

Versuch 1:

Wir bauen aus einer 4,5 V-Batterie, einer Glühlampe (4 V/ 0,04 A) und einem npn-Transistor (z. B. BC 140) einen Schaltkreis nach der Skizze auf. Der Pluspol der Batterie wird über die Glühlampe mit der Basis verbunden, und der Minuspol der Batterie wird mit dem Kollektor verbunden.

Versuch 2: Der Minuspol der Batterie wird mit der Basis, der Pluspol wird mit dem Kollektor verbunden.

Ergebnis: *Die Basis-Kollektor-Strecke ist nur dann leitend, wenn der Pluspol der Batterie an der Basis anliegt.*

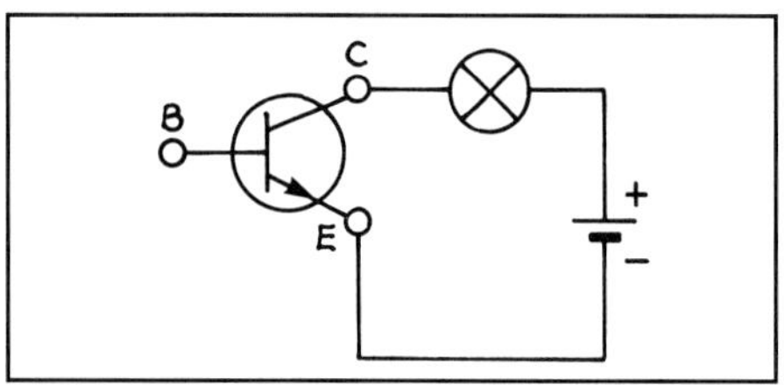

Versuch 1:

Wir bauen aus einer 4,5 V-Batterie, einer Glühlampe (4 V/ 0,04 A) und einem npn-Transistor (z. B. BC 140) einen Schaltkreis nach der Skizze auf. Kollektor und Emitter werden in Reihe mit der Glühlampe so an die Batterie angeschlossen, daß der Pluspol am Kollektor liegt.

Versuch 2: Der Minuspol der Batterie wird mit dem Kollektor und der Pluspol mit dem Emitter verbunden.

Ergebnis: *Die Emitter-Kollektor-Strecke ist nicht leitend, unabhängig von der Polung der Batterie.*

Ergänze die Tabelle!

⊖ BASIS	⊕ EMITTER ——▶	⊗	⊖ BASIS	⊕ KOLLEKTOR ——▶	⊗
⊕ BASIS	⊖ EMITTER ——▶	-⊗-	⊕ BASIS	⊖ KOLLEKTOR ——▶	-⊗-
⊕ EMITTER	⊖ KOLLEKTOR ——▶	⊗	⊖ EMITTER	⊕ KOLLEKTOR ——▶	⊗

Name	Klasse 9	Datum	Physik / Chemie	

Der Transistor als Schalter

Der Transistor ist ein vielseitiges elektronisches Bauteil. Besonders gut läßt er sich als Schalter einsetzen.

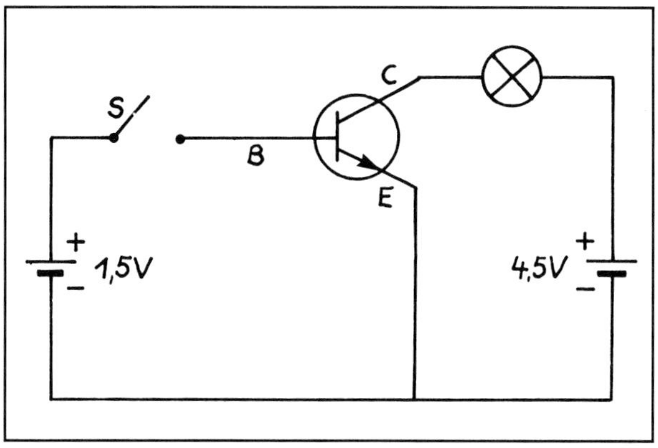

Versuch:

Die Schaltung wird mit einem npn-Transistor (z. B. BC 140) nach der Skizze aufgebaut. Der Schalter S wird geschlossen. Dann werden die Pole an der 1,5 V-Batterie vertauscht, und der Schalter wird wieder geschlossen.

Ergebnis:

____

____

____

Die Schaltung weist zwei Stromkreise auf. Zeichne den Steuerkreis und den Schaltkreis mit verschiedenen Farben ein!

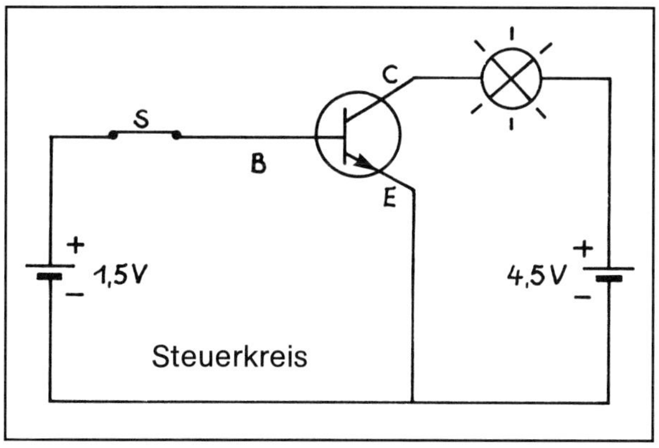

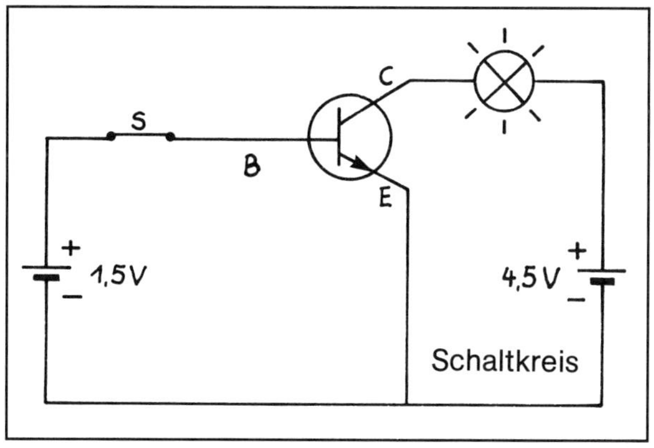

Ergänze:

Der ____________________-Stromkreis steuert mit Hilfe des npn-Transistors den ____________________-Stromkreis. Der Steuerkreis ist der ____________________-Stromkreis; der Schaltkreis ist der ____________________-Stromkreis. Fließt im ____________________ elektrischer Strom, so fließt auch im ____________________ Strom. Der Transistor arbeitet als ____________________. Ist der Steuerkreis unterbrochen, so fließt auch im Schaltkreis __________ Strom.

Name	Klasse 9	Datum	Physik / Chemie	

Der Transistor als Schalter

Der Transistor ist ein vielseitiges elektronisches Bauteil. Besonders gut läßt er sich als Schalter einsetzen.

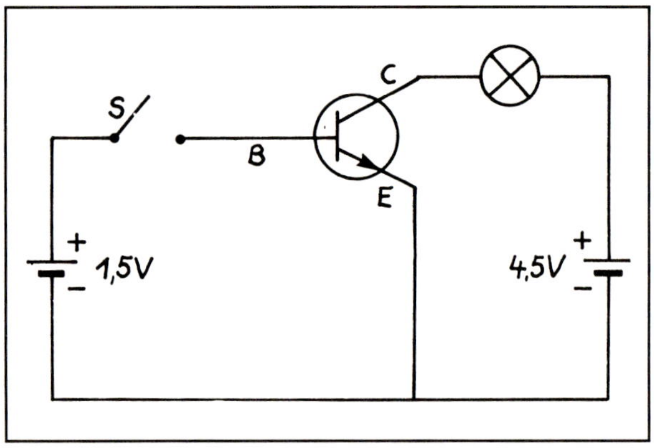

Versuch:

Die Schaltung wird mit einem npn-Transistor (z. B. BC 140) nach der Skizze aufgebaut. Der Schalter S wird geschlossen. Dann werden die Pole an der 1,5 V-Batterie vertauscht, und der Schalter wird wieder geschlossen.

Ergebnis:

Die Lampe leuchtet bei geschlossenem Schalter nur, wenn der Pluspol an der Basis liegt.

Die Schaltung weist zwei Stromkreise auf. Zeichne den Steuerkreis und den Schaltkreis mit verschiedenen Farben ein!

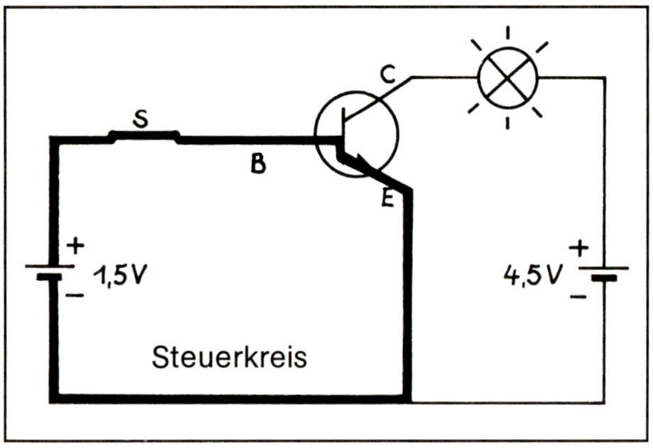

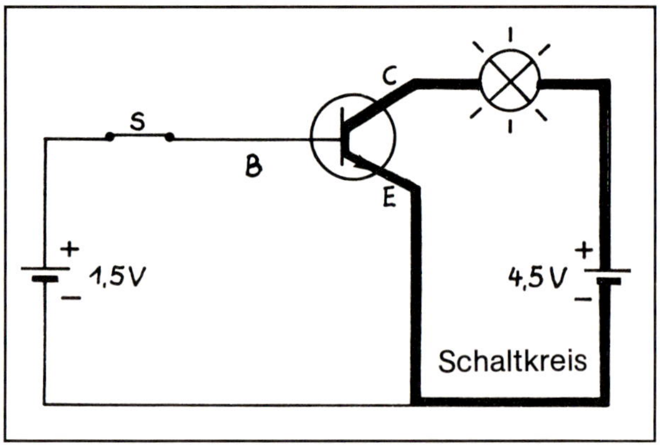

Ergänze:

Der *Basis-Emitter* -Stromkreis steuert mit Hilfe des npn-Transistors den *Kollektor-Emitter* -Stromkreis. Der Steuerkreis ist der *Basis-Emitter* -Stromkreis; der Schaltkreis ist der *Kollektor-Emitter* -Stromkreis. Fließt im *Steuerkreis* elektrischer Strom, so fließt auch im *Schaltkreis* Strom. Der Transistor arbeitet als *Schalter*. Ist der Steuerkreis unterbrochen, so fließt auch im Schaltkreis *kein* Strom.

Name	Klasse 9	Datum	Physik / Chemie	

Anwendungen des Transistors

Transistoren weisen viele Vorteile auf:

____

____

____

____

____

Deshalb werden Transistoren und andere elektronische Bauteile in vielen Schaltungen eingesetzt.

Trage die folgenden Begriffe in die entsprechende Spalte ein:

Glocke – Relais – Mikrofon – Motor – Heißleiter – Fotozelle – Lautsprecher – Relais – Fotowiderstand – Fotozelle

Gerät	Steuerkreis	Transistor als Schalter	Schaltkreis
Verstärker	____________	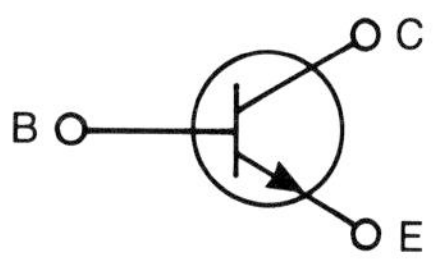	____________
Feueralarmanlage	____________		____________
Dämmerungsschalter	____________		____________
Blinkschaltung	____________		____________
Lichtschranke	____________		____________

Diese Schaltungen finden wir in vielen Anlagen wieder.

Anlage	**Gerät**
Bei Warnlichtern an Bahnübergängen	____________
Im Rundfunkempfänger	____________
In Lagerhallen und Kaufhäusern	____________
Bei Falz- und Biegemaschinen	____________
Bei einer elektrischen Gitarre	____________
Bei Straßenbeleuchtungen	____________

Name	Klasse 9	Datum	Physik / Chemie	

Anwendungen des Transistors

Transistoren weisen viele Vorteile auf:

Sie sind klein – brauchen wenig Platz –

enthalten keine mechanischen Teile –

sie unterliegen keinem Verschleiß – brauchen wenig Strom –

geringe Kosten . . .

Deshalb werden Transistoren und andere elektronische Bauteile in vielen Schaltungen eingesetzt.

Trage die folgenden Begriffe in die entsprechende Spalte ein:

Glocke – Relais – Mikrofon – Motor – Heißleiter – Fotozelle – Lautsprecher – Relais – Fotowiderstand – Fotozelle

Gerät	Steuerkreis	Transistor als Schalter	Schaltkreis
Verstärker	*Mikrofon*	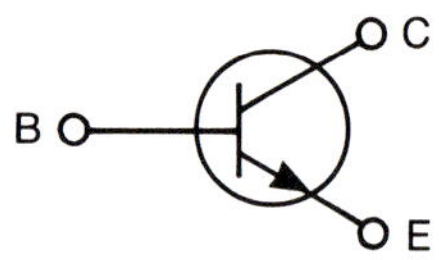	*Lautsprecher*
Feueralarmanlage	*Heißleiter*		*Glocke*
Dämmerungsschalter	*Fotozelle*		*Relais*
Blinkschaltung	*Fotozelle*		*Relais*
Lichtschranke	*Fotowiderstand*		*Motor*

Diese Schaltungen finden wir in vielen Anlagen wieder.

Anlage	**Gerät**
Bei Warnlichtern an Bahnübergängen	*Blinkschaltung*
Im Rundfunkempfänger	*Verstärker*
In Lagerhallen und Kaufhäusern	*Feueralarmanlage*
Bei Falz- und Biegemaschinen	*Lichtschranke*
Bei einer elektrischen Gitarre	*Verstärker*
Bei Straßenbeleuchtungen	*Dämmerungsschalter*

Name	Klasse 9	Datum	Physik / Chemie	

Bauelemente eines Computers

Rechnen mit Computern ist möglich, weil es drei einfache logische Grundschaltungen gibt:

____

UND-Schaltung

Versuch: Der Aufbau erfolgt nach der Schaltskizze. Für die Schaltzustände und für den Zustand der Lampe vereinbaren wir folgende Kurzschreibweise:

O: Schalter A (B) offen — L: Schalter A (B) geschlossen

O: Lampe leuchtet nicht — L: Lampe leuchtet

Ergänze die Tabelle!

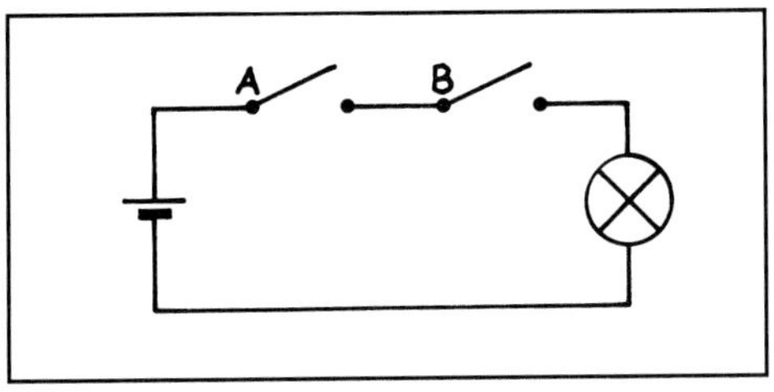

Schalter A	Schalter B	Lampe
O	O	
O	L	
L	O	
L	L	

Die Lampe ist nur dann im „Zustand L", wenn ______________________________

______________________.

ODER-Schaltung

Ergänze die Tabelle!

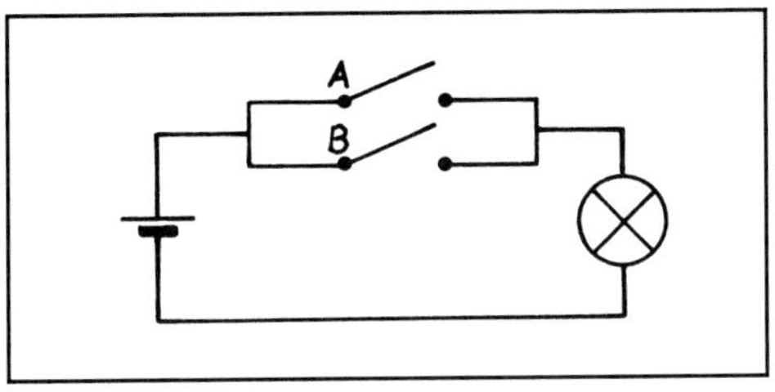

Schalter A	Schalter B	Lampe
O	O	
O	L	
L	O	
L	L	

Die Lampe ist nur dann im „Zustand L", wenn ______________________________

______________________________.

NICHT-Schaltung

Bei der NICHT-Schaltung soll die Umkehrung eines gewünschten Signals erfolgen. Der Eingang E kann mit dem Minuspol oder mit dem Pluspol verbunden werden.

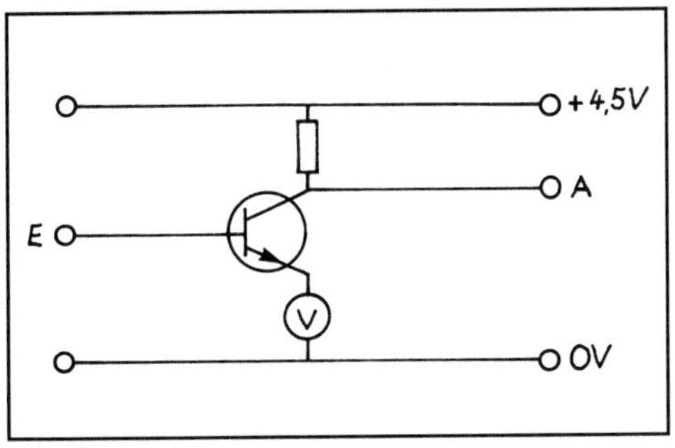

E verbunden mit dem Minuspol: O
E verbunden mit dem Pluspol: L

Ergänze die Tabelle!

Eingang E	Ausgang A
O	
L	

Name	Klasse 9	Datum	Physik / Chemie	

Bauelemente eines Computers

Rechnen mit Computern ist möglich, weil es drei einfache logische Grundschaltungen gibt:

UND-Schaltung *ODER-Schaltung* *NICHT-Schaltung*

UND-Schaltung

Versuch: Der Aufbau erfolgt nach der Schaltskizze. Für die Schaltzustände und für den Zustand der Lampe vereinbaren wir folgende Kurzschreibweise:

O: Schalter A (B) offen
L: Schalter A (B) geschlossen
O: Lampe leuchtet nicht
L: Lampe leuchtet

Ergänze die Tabelle!

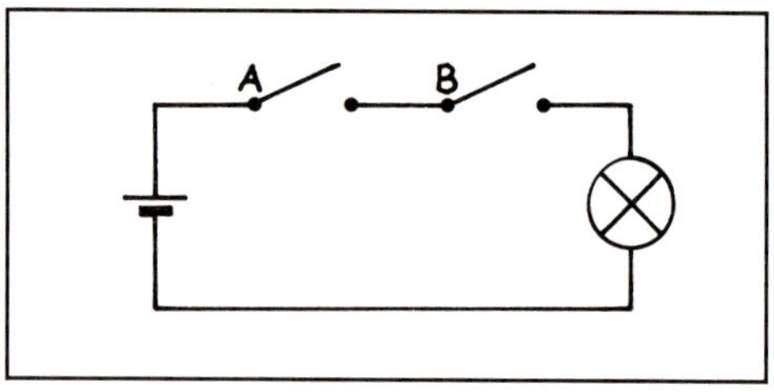

Schalter A	Schalter B	Lampe
O	O	*O*
O	L	*O*
L	O	*O*
L	L	*L*

Die Lampe ist nur dann im „Zustand L", wenn *Schalter A und Schalter B den Zustand L haben*.

ODER-Schaltung

Ergänze die Tabelle!

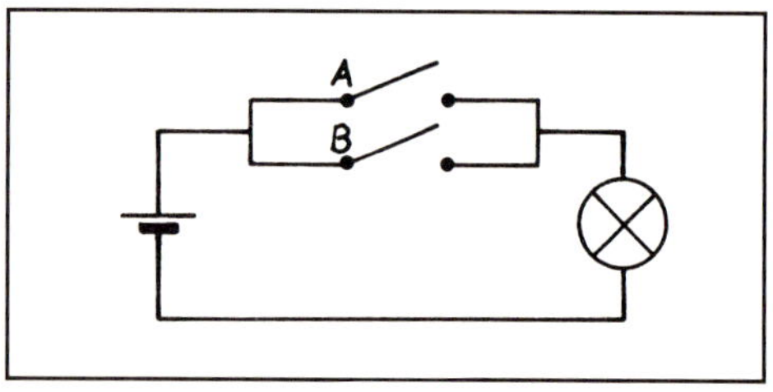

Schalter A	Schalter B	Lampe
O	O	*O*
O	L	*L*
L	O	*L*
L	L	*L*

Die Lampe ist nur dann im „Zustand L", wenn *Schalter A oder Schalter B oder beide Schalter den Zustand L haben*.

NICHT-Schaltung

Bei der NICHT-Schaltung soll die Umkehrung eines gewünschten Signals erfolgen. Der Eingang E kann mit dem Minuspol oder mit dem Pluspol verbunden werden.

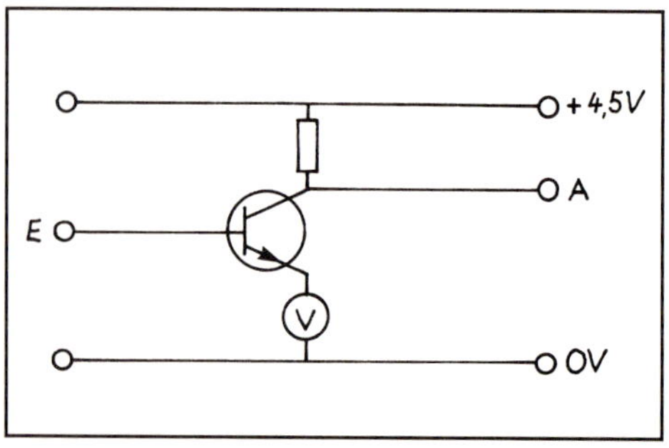

E verbunden mit dem Minuspol: O
E verbunden mit dem Pluspol: L

Ergänze die Tabelle!

Eingang E	Ausgang A
O	*L*
L	*O*

Name	Klasse 9	Datum	Physik / Chemie	

Rechnen mit logischen Bausteinen

Transistoren arbeiten als Schalter. Damit kann man mit ihrer Hilfe logische Schaltungen bauen.

Es gibt dabei drei Grundschaltungen:

Schaltzeichen 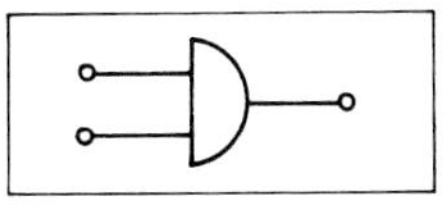 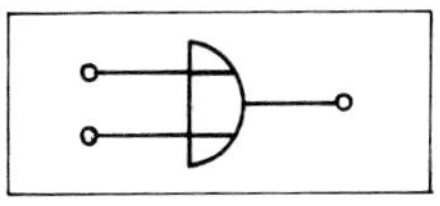 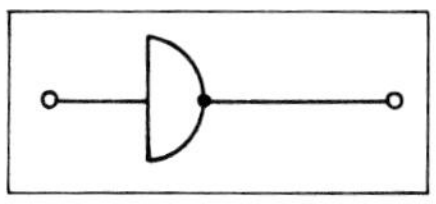

Schaltung ____________ ____________ ____________

Schreibweise ____________ ____________ $\overline{}$ ____________

Aus diesen Grundbausteinen lassen sich Kombinationen bilden:

NAND aus ____________

und ____________

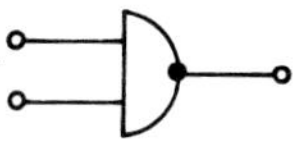

$\overline{A \wedge B}$

Ergänze die Tabelle!

Eingänge		Ausgang
A	B	Y
O	O	
O	L	
L	O	
L	L	

NOR aus ____________

und ____________

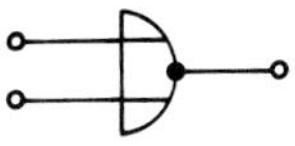

$\overline{A \vee B}$

Ergänze die Tabelle!

Eingänge		Ausgang
A	B	Y
O	O	
O	L	
L	O	
L	L	

Um welche Schaltungen kann es sich handeln?

Eingänge		Ausgang	Schaltung
A	B	Y	
O	O	O	
L	O	L	
L	L	L	
L	L	O	
O	O	L	

Name	Klasse 9	Datum	Physik / Chemie	

Rechnen mit logischen Bausteinen

Transistoren arbeiten als Schalter. Damit kann man mit ihrer Hilfe logische Schaltungen bauen.

Es gibt dabei drei Grundschaltungen:

Schaltzeichen	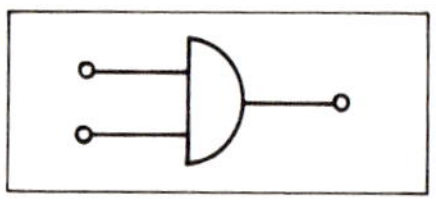	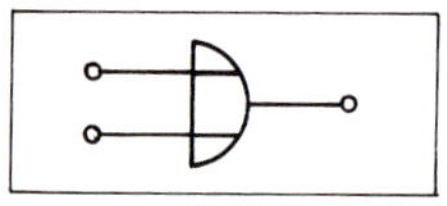	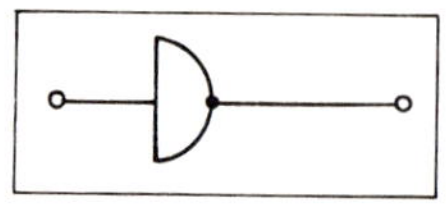
Schaltung	*UND*	*ODER*	*NICHT*
Schreibweise	$A \wedge B$	$A \vee B$	$\overline{A}$

Aus diesen Grundbausteinen lassen sich Kombinationen bilden:

NAND aus *NOT (Nicht)*

und *AND (Und)*

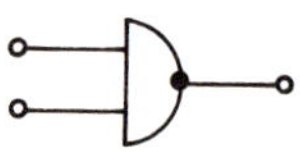

$\overline{A \wedge B}$

Ergänze die Tabelle!

Eingänge		Ausgang
A	B	Y
O	O	*L*
O	L	*L*
L	O	*L*
L	L	*O*

NOR aus *NOT (Nicht)*

und *OR (Oder)*

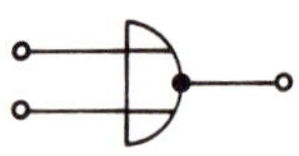

$\overline{A \vee B}$

Ergänze die Tabelle!

Eingänge		Ausgang
A	B	Y
O	O	*L*
O	L	*O*
L	O	*O*
L	L	*O*

Um welche Schaltungen kann es sich handeln?

Eingänge		Ausgang	Schaltung
A	B	Y	
O	O	O	*UND* *ODER*
L	O	L	*ODER* *NAND*
L	L	L	*UND* *ODER*
L	L	O	*NICHT* *NAND* *NOR*
O	O	L	*NICHT* *NAND* *NOR*

Name	Klasse 9	Datum	Physik / Chemie	
________		________		________

Mikroprozessor

Mikroprozessoren sind ______________ Elektronik-Bausteine. Durch ______________ ______________ wurde es möglich, sie sehr ______________ zu bauen.

Aufgaben, die ein Mikroprozessor ausführen kann

______________ ←
______________ ←
______________ ←

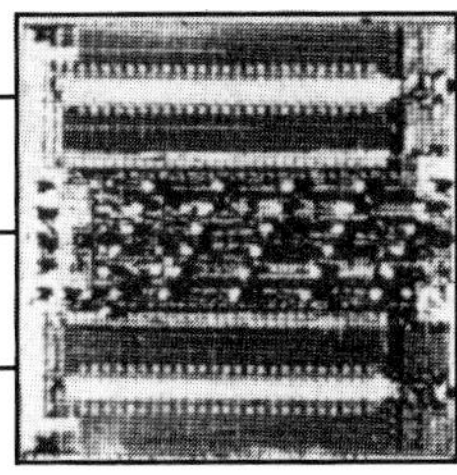

→ ______________
→ ______________
→ ______________

Programmablauf in einem Fahrkartenautomaten

1. Displayanzeige

3 — Zone

6.80 — Preis

1. ______________
____
____

2. 

Displayanzeige 7.00

2. ______________
____
____

3. Das im Mikroprozessor gespeicherte Programm läuft ab. Der erforderliche und der einbezahlte Preis werden verglichen. Überzahlung wird registriert.

4. Ausgedruckte Fahrkarte und Restgeld

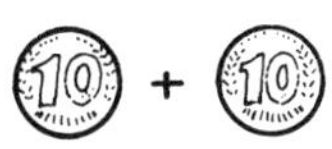

4. ______________
____
____
____
____
____
____

Nenne weitere Geräte, wo Mikroprozessoren eingebaut sind!

____
____
____
____

Name	Klasse 9	Datum	Physik / Chemie	

Mikroprozessor

Mikroprozessoren sind *programmierbare* Elektronik-Bausteine. Durch *Miniaturisierung* wurde es möglich, sie sehr *klein* zu bauen.

Aufgaben, die ein Mikroprozessor ausführen kann

Steuern und Regeln ←
Daten verarbeiten ←
logisch entscheiden ←

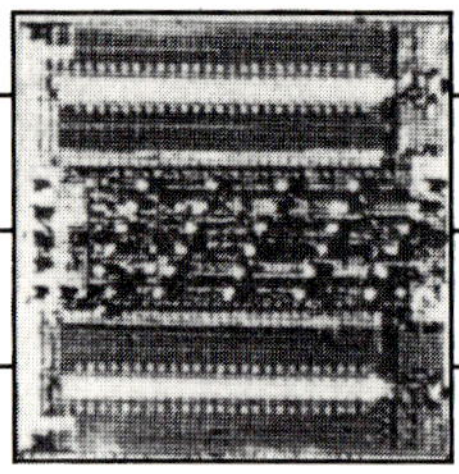

→ *Meßsignale auswerten*
→ *Anzeigen aussteuern*
→ *Rechnen und Vergleichen*

Programmablauf in einem Fahrkartenautomaten

1. Displayanzeige

3 Zone — 6.80 Preis

1. *Durch Tastendruck werden die gewünschte Zone und der Preis angezeigt.*

2. 

Displayanzeige 7.00

2. *Die Münzen werden eingegeben. Das Display zeigt die Summe an.*

3. Das im Mikroprozessor gespeicherte Programm läuft ab. Der erforderliche und der einbezahlte Preis werden verglichen. Überzahlung wird registriert.

4. Ausgedruckte Fahrkarte und Restgeld

4. *Der Drucker erhält ein Signal und druckt Standort, Datum, Uhrzeit, Zone und Fahrtkosten aus. Das Restgeld wird zurückgegeben.*

Nenne weitere Geräte, wo Mikroprozessoren eingebaut sind!

Nähmaschine – Fotoapparat – Rolltreppe – Abfüllanlage – Heizungsanlage – Schreibmaschine – Rundfunkgerät, . . .

Bildnachweis

Archiv für Kunst und Geschichte, Berlin S. 41 (Nr. 1), 42 (Nr. 1)
Bildarchiv für Medizin, München S. 45 (Nr. 4), 46 (Nr. 4)
HEW/Verlag Schöning & Co., Gebr. Schmidt, Hamburg S. 63, 64
Helga Lade, Frankfurt S. 45 (Nr. 3), 46 (Nr. 3)
RWE, Essen S. 53, 54
Süddeutscher Verlag, München S. 39 (Nr. 1, 2), 40 (Nr. 1, 2), 43 (Nr. 2), 44 (Nr. 2), 49 (Nr. 4), 50 (Nr. 4), 51 (Nr. 2), 52 (Nr. 2)
ZEFA, Düsseldorf S. 51 (Nr. 1), 52 (Nr. 1)
alle übrigen Fotos wurden von den Autoren aufgenommen.